U0111751

大展好書　好書大展
品嘗好書　冠群可期

大展好書　好書大展
品嘗好書・冠群可期

少林功夫⑰

少林武術理論

徐勤燕
釋德虔 編著

大展出版社有限公司

作者簡介

　　徐勤燕　女，生於 1962
年，原籍山東郯城。自幼從父
徐祗法（法名素法）學練少林
武術，於 1982 年春到少林寺
拜素喜和尚爲師，賜法名德
炎。在少林寺學武多年，擅長
少林看家拳、螳螂拳和十八般
武藝。不僅武功卓著，而且文筆亦佳，十年來共著
有《少林功夫辭典》《少林羅漢拳》《少林劍術秘
傳》等三十餘部少林武術專著，總計 350 萬字，發
行到世界 48 個國家和地區，爲弘揚少林武術和促
進中外文化體育交流作出了貢獻。

　　德炎大師先後應邀赴新加坡、馬來西亞、俄羅
斯、日本等國家訪問教學，受到國際武術界高度好
評。現任少林寺國際武術學院院長、登封市少林少
年軍校校長兼政治委員、國際少林拳聯合總會副秘
書長等職。

少林武術理論

釋德虔 俗名王長青，男，生於 1943 年，原籍河南省登封市大金店鎮王上村。自幼皈依少林寺，拜素喜和尚爲師，賜法名德虔。跟恩師專習少林武術六年，又跟少林高僧德禪學習中醫、針灸、氣功等，跟永祥和尚學練達摩易筋經、八段錦、七十二藝、點穴、擒拿、硬氣功等。1960 年寧夏中醫學校畢業，當年應征入伍，先後在新疆軍區工二師十四團和伊利地區行醫。1980 年返回少林寺，從事武術研究工作。

　　1982 年得到永祥和尚在少林寺火焚前復抄的《少林拳譜》四十八卷，開始從事少林武術的挖掘整理工作。二十年來撰寫了《少林拳術秘傳》《少林十八般武藝》《少林武術精華》《少林百科全書》《少林氣功秘集》等 70 多部少林武術專著，總計 1800 多萬字，發行到世界 82 個國家和地區，被譽爲「少林書王」。1992 年榮獲全國武術挖掘整理優秀成果獎。

　　德虔法師 1990～2004 年先後應邀赴美國、日本、紐西蘭、俄羅斯、加拿大等 41 個國家和地區

訪問講學，中外弟子多達八千人，可謂桃李滿天下。現任中國武術學會委員、國際少林易筋經學會會長、國際少林聯合會顧問團團長、少林寺國際武術學院常務院長等職。

前　言

　　少林武術起源於中國河南省嵩山少林寺，距今有一千五百多年的歷史，可謂源遠流長，馳名中外。

　　少林武術是少林寺僧和俗家弟子長期艱苦磨練的結晶，具有樸實無華、進退一線、曲而不曲、直而不直、滾出滾入、重在實戰等特點，是我國最早最大的民間武術流派之一。久練不僅可強身健體、祛病延年，還可陶冶性情、磨練意志；不僅有自衛護身和懲罰歹徒的實際作用，還能從中得到人體美的藝術享受。

　　早在唐代，少林武術就開始傳向日本、朝鮮、越南、泰國、緬甸等國家和地區。新中國成立後，少林武術得到了空前未有的大發展。據統計，目前全世界已有六十多個國家約三千多萬人練習少林武術。正可謂：少林拳花開九州，少林弟子遍世界。

　　近幾年來，國內外同門和廣大少林武術愛好者紛紛來電來函，要求編寫一套通俗易懂、易於推廣的少林傳統武術教材。爲了滿足他們的要求，更廣泛地普及和推廣少林傳統武術，我們在人民體育出

版社的幫助下，根據珍藏少林拳械秘本和當今實際教學經驗，編寫了這套「少林傳統武術普及教材」。

本教材共分爲八冊：《少林武術理論》《少林武術基本功》《少林拳》《少林棍》《少林常用器械》《少林稀有器械》《少林拳對練》《少林器械對練》。前兩冊是對少林武術的內容、常用術語、教學訓練、基本功夫、基本技法的介紹和概論；後六冊則是從《少林拳譜》的 576 個套路中精選出 52 個優秀傳統套路，分別對各動作圖附文加以說明。

本教材適宜國內外各武術館校、輔導站等習武場所的學員和教練員應用，並可供中小學體育教師和公安、武警工作者參考。

由於水平所限，書中錯誤難免，敬請讀者批評指正，以利再版時修訂。

本書在編寫和出版過程中，得到青年武師姜健民、陳俊鍇、張軍偉、章順亮等大力支持，得到人民體育出版社叢明禮、駱勤方、范孫操等熱情幫助，在此一併致謝。

編著者
於少林寺

目　錄

少林 武術理論

少林
武術理論

第一章　武術概論

　　武術是以攻防技擊為主要技術內容、以套路演練和搏鬥對抗為運動形式、注重內外兼修的民族傳統體育項目。

第一節　武術的起源與發展

　　武術是我國古代人們在為適應大自然的複雜過程中產生的。早在原始社會時期，人們過著茹毛飲血、露宿荒野的生活。在弱肉強食的險惡環境中，人們以格鬥、拼殺而狩獵取食，以舞蹈、歡歌來慶祝得到的豐碩果實，這就漸漸積累了徒手格鬥、搏殺的自衛技術。

　　隨著歷史的發展，透過節日、慶幸等種種集體跳舞方式，把格鬥拼殺的狩獵動作有節奏、有秩序地表現出來，部落或氏族的長老們把有趣而有規律的拼搏動作向群眾傳授，又不定期地舉行會演、競賽，如此，不僅提高了拼殺自衛本領，而且也增強了生存能力。

這就是我國古代武術形式的萌芽，武術也就是自此產生的。

據我國遠古文獻《帝王統錄》《路史》《角力記》等記載，到堯、舜、禹時代，武術的作用已推向健身袪病和以武育人了。同時也產生了養生活動，使習武者懂得了習武不僅要練外形，而且也要練內氣的益處，還逐漸懂得了內外兼修，把武術的發展又向前推動了一步。

商周時期的《殷契粹編》《禮記·樂書注》等資料證明，徒手搏擊，已經有甲骨文和西周青銅器上的文字記載，並且使武術開始形成了基礎套路。同時，在當時的一些學校裡已設有武術教育的內容，還有「春夏學干戈」將帥講武等教學內容。由此證明，在商周時代，武術開始列入教學內容，成為中國古代文明的一個重要組成部分。

春秋戰國時期，天下分裂，群雄爭霸，武術廣為軍旅所施，抗爭激烈，拼搏凶猛，大大提高了拳戈的實踐、技擊水準。在列國中，大都把拳戈技術出眾的壯士編入軍隊。

當時的一些文獻記載，如「齊入隆技擊」和「齊愍以技擊強」等，都證實了當時諸侯、兵家

對武術特別技擊的重視。「技擊」一詞也在此時代出現，一直流傳至今。《莊子·說劍》宣揚了越女練劍的風尚，記載了中國女性善武還可勝任武術教官之職。

另外，哲學家莊子對武術也頗有研究，他提出了與「執技論力」《禮記》「以力相商」（《穀梁傳》）不同的觀點：「以巧鬥力者，始乎陽，常卒乎陰，泰至則多奇巧。」這是古代武家首次用「陰陽」學說來解釋拳理。此外，從「紀昌學箭」和「折竹鬥劍」等典故裡，可以看到人們在此時已經有了武德的修養。

秦漢三國時期，武術繼續發展，在都市和農村都盛行角觝戲和射武戲，帝王也常借觀武戲之機考察或選拔武士。漢朝還提倡「居則習民以射法」「出則教民以應敵」，發動群眾興武，不僅利於百姓健身，而且也可保家衛國。

學劍是秦漢三國之際的奇傳美風，從帝王將相到平民百姓都喜歡。曾流傳有「學書不成去學劍」的名句。三國時期的魯肅、劉備、曹丕等都學劍或擊劍，而且技法甚高。有的甚至全家老幼皆習劍術，可謂「劍技之家代有人」。

《漢書·藝文志》收錄《劍道》38篇，是我

國較早的劍技理論成就。

　　大量出土的此時代的畫像石之刻畫內容，如鴻門宴舞劍圖、丸劍畫像圖、單人舞鉞圖、劍盾對雙戟圖、空手進槍圖、徒手相搏圖等，都是記述當時武術的生動寫照，也更進一步說明秦漢三國時期武術器械技術發展的盛況，同時還為武術圖解的產生奠定了基礎。

　　兩晉南北朝時代，武道仍在持續發展。西晉陳壽的巨著《三國志》中有「武藝」一名，南朝蕭統的《文選》中出現了「偃閑武術」之稱，從此，角觝、技擊、手搏、劍道、武藝等前稱改為一個廣義的代名詞——武術。

　　特別是武術器械在此時有較大的發展，如單器械之刀、戟、槊等，雙器械之雙劍、雙戟、雙刀等，還出現了一手舞大刀、一手揮長矛的新技。另外，在武術整理方面有了顯著的成就，如《馬槊譜序》《古今圖書集成·戈矛部·馬槊譜序》等都是寶貴的武譜珍著。

　　總之，兩晉南北朝時期武術的發展對後代立了三大功：一是產生了「武術」名稱，二是出現武「譜」，三是使武術開始形成了技有術、舞有套、套有譜的雛形，為中國武術逐漸形成系統、

少林
武術理論

完整、理法合一的技術理論和拳譜、戈譜、技擊
譜等專著奠定了基礎，或者說開闢了道路。

　　隋唐以後，武術隨著文學藝學的發展和戰爭
的需要，在技術和形式上都有了新的獨特的發
展。最重要的是武術與文學藝術的融合，尤以劍
術為突出。唐代，習劍者遍及朝野，普及至男女
老少，因而名家輩出。有文人習劍，也有武人習
文云詩，文武兼備，武藝更美。如蘭陵老夫、裴
旻先生，公孫大娘、李白等都是當時習劍的典
範。唐代偉大詩人杜甫就吟出「來如雷霆收震
怒，罷如江海凝清光」之舞劍詩句。

　　據唐代有關史料記載，當時著名的畫家吳道
子、書法家張旭等也都喜歡劍術，這說明唐代武
術（劍）、文學（詩）、書法、繪畫已融合一
體，可謂劍術舞練與藝術美學融會貫通之創舉。
武則天執政時，還特別設立了武舉制，定期開科
選拔武勇人才，並且專門編製了《射經》，這都
充分說明唐代有著濃厚的「尊武崇藝」氣息。

　　宋代，武術更進一步發展，其特點有二：

　　一是眾武術門派開始創編本系統的拳譜，如
少林拳、西環拳、岳家拳、武松拳等都有了拳譜
或拳經、拳訣。

　　二是朝廷重視，普及於民。如宋太祖親自集合百名勇士授劍術，宋神宗設武學。

　　南宋時，「禁中教場」，表現出「百藝俱呈」的習武景象。宋代各時期還頒布有「教閱法」，對軍民「授以兵械，教之擊刺」。根據《宋史》記載，宋代有著「三時務農，一時講武」，「帶弓而鋤，佩劍而樵」的風氣。

　　另外，還特別興盛器械對練，甚至有百人參加對練，表現了宋代上至朝廷、下至百姓的全民尚武、習武盛景。

　　元代，蒙古人統治中原，擔心漢人造反，便禁絕「聚眾圍獵」「弄槍棒」「習武藝」，使武術的發展受到阻礙。後來，雖然耶律楚材恢復中原歷史悠久的文化，使武術能在戲劇中再現，但大多為花架子，使武術遠離實際，削弱了自衛技能。

　　明代，是我國武術發展的春秋時期，不僅各武術門派在全國各地都得機發展，而且軍旅將帥親自對兵授技，還著書立說，使武術的發展更加繁榮、系統，形成了一套完整的武術學科。

　　如抗倭名將戚繼光、俞大猷等撰寫了很多武術專著，像戚繼光的《紀效新書》《練兵實

少林
武術理論

記》、俞大猷的《正氣堂集》、何良臣的《陣記》、程宗猷的《耕餘剩技》、茅元儀的《武備志》、唐順之的《荊三先生文集》、王圻的《三才圖會》等，都是明代武家頗有實踐價值的武術寶著。

明代武術興盛的又一標誌是武術套路猛增，多達百餘。如拳術有宋太祖三十六長拳、六步拳、猴拳、溫家七十二行拳、三十六合鎖、二十四奔探馬、八閃翻、十二短、呂紅八下、綿張短打、巴子拳，棍術有宋太祖俞家騰蛇棍、山東長竿手、紫薇棍、張家棍、程家棍、賀屠鉤竿、少林棍、俞大猷棍，槍術有楊氏梨花槍、沙家槍、馬家槍、峨眉槍等七十家之多，刀術有單刀、雙刀、盾牌刀，劍術有七星劍、乾坤劍、八仙劍、達摩劍等。

另外，還有山東李半天之腿、鷹爪王之掌、千跌張之摔跌、張伯敬之短打等等絕招。

清代，順治時多次降旨嚴禁民間習拳弄棒，使武術處於冷凍狀態。但由於武術在明代大發展過程中，在民間根基太深，所以人們白天不練，夜間偷著練，也總算基本保留了一些武技套路和一定的技術。

到了乾隆年間，可以重用漢族人才，武術文化也逐漸有所恢復。一些武術家開始撰寫武技專著，如吳殳的《手臂錄》，黃百家的《內家拳法》，萇乃周的《萇氏武技書》，以及《太極拳經》《六合拳譜》《陰符槍譜》等等，都真實地總結了武技理論之精要。

特別是太極拳、形意拳、八卦掌等譜，不僅有歌訣、字訣、要領、按語、圖譜，而且還移植了中國古代哲學的氣功、八卦和陰陽學說，使武術基礎理論基本形成。

20 世紀初，孫中山先生領導的辛亥革命推翻了清政府，建立了中華民國。此時，西方體育傳入中國，體操對武術產生了較大的影響。

1909 年在上海成立了洋為中用的精武體操學校，1910 年更名為精武體育會。此組織在全國各地及東南亞設有分會，培養了很多武術專業人才。1911 年北京也成立了體育研究社，改革訓練技法，初見成效。這期間，特別是馬良組織了一些武術專家，編寫、推廣《中華新武術》，他們具體做法是借鑑西方體操的鍛鍊形式，將中國傳統的武術動作按口令、節拍編組成套路，首先在軍警和學校裡推廣試教。

　　這是中西體育文化的結合，也標誌著中國傳統武術被時代推動已開始了新的發展。在民間也產生了許多拳社、武士會、武術會等組織。

　　1928 年，國民黨政府在南京設立了「中央國術館」，後來全國各省也都先後成立了國術館，縣級國術館有三百多個，許多區鄉也成立了分館，很多武術家都被國術館聘請任教。中央國術館組織了兩屆國術國考和國術遊藝大會。

　　1936 年，中國組織武術旅行團赴東南亞訪問，後來又赴德國柏林，在第 11 屆奧運會上表演了中國武術。

　　在這期間還組織了拳術研究工作，出版了《少林武當考》《國術圖說》《內家拳》《少林拳術秘訣》《少林拳法精義》等多部武術專著，同時中央國術館在南京舉行過多次全國性武術、散手競賽，對武術的發展起了一定的作用。

　　但由於當時的中國正處在半殖民地、半封建社會，政治、經濟、文化都受到帝國主義和封建主義的影響，再加上國民黨反動派對武術的控制，造成武術在民間時期發展緩慢且不全面。

　　1949 年 10 月，中華人民共和國成立了，武術文化在共產黨和各級政府的關懷支持下得到蓬勃

發展。1950 年全國體育總會召開了武術座談會，提倡在全國發展武術運動。國家體委成立後，成立了武術處，專門負責推廣和興辦武術運動。1953 年在天津舉行了全國民族形式體育表演及競賽大會，武術是這次大會的主要內容。1954 年各省體育院校開始把武術列入正式課程。

1956 年中國武術協會在北京成立。同年，武術也正式被定為體育表演項目，並且在北京舉辦了有十二個單位參加的武術表演大會。

1957 年國家體委把武術列為正式競賽項目，舉行了全國性的武術比賽，編寫出版了簡化太極拳和拳、刀、劍、棍、槍術套路。1958 年國家體委制定了第一部以長拳、太極拳、南拳為競賽內容的《武術競賽規則》。

在黨和政府的關懷支持下，全國各省市自治區都先後成立了武術館、武術協會、武術研究會、業餘武術學校、武術輔導站等，形成了全國性的武術普及運動網，掀起了前所未有的全民性武術熱，為提高武術技術水準奠定了雄厚的基礎，也對增強人民體質起了巨大作用。全國各大專院校十分重視武術教學和訓練，培養了很多專業人才。

　　1984 年國務院批准設立了武術碩士學位。1986 年國家體委成立了武術研究院，作為全國最高的武術研究機構，經常組團赴世界各地講學和交流，為促進中外文化交流和世界和平及增強人類體質起了有益的作用。

　　國家體委為使武術獲得更大發展，於 1979 年發出了《關於挖掘整理武術遺產的通知》，組織了全國武術觀摩交流大會。1982 年 12 月，國家體委在北京召開了全國武術工作會議，制定了「挖掘、整理、普及、提高」的武術工作方針。1983 年在江西召開了武術工作會議，在全國掀起了空前的對武術文化遺產全面挖掘整理的熱潮。

　　歷經三年，成效卓著，據不完全統計，共挖掘出流派百餘種、套路近千套、器械千餘件，陸續由省級以上出版社正式出版，如《查拳》《三路長拳》《太極拳》《少林拳法秘傳》《少林武術大全》等。

　　近幾年來，中國武術在國際間進行了廣泛的交流，國家體育總局、文化部和各地方都經常應邀或派團出國到美國、英國、德國、義大利、南非、日本等數十個國家和地區講學、訪問、考察、交流，使中國武術在全世界各地生根開花。

1985 年在西安舉行了首屆國際武術邀請賽，成立了國際武術聯合會籌委會。1987 年、1989 年和 1992 年，分別在橫濱、香港、漢城舉行了第 1、2、3 屆亞洲武術錦標賽。

1990 年，武術正式進入了第 11 屆亞運會競技項目。1991 年起，國家武術研究院和鄭州市政府，在鄭州市連續舉辦了多屆國際少林武術節，每屆都有二十多個國家組成的三十多個隊共幾百名運動員參賽，對弘揚少林武術、繁榮中州經濟及促進中外文化交流起到促進作用。

1991 年，國家體委在北京舉辦了第 1 屆世界武術錦標賽，之後每兩年一次，在世界各地舉辦，這標誌著中國武術已走出國門、衝出亞洲、邁向世界。在不遠的將來，武術還要走進奧運會。

武術是中國的瑰寶，是中華民族的驕傲。武術發源於中國，但她屬於全世界。

第二節　少林武術的起源

少林武術是中國武術的重要組成部分。

少林武術的起源有多種說法，有說是達摩所

傳，有說是宋太祖所傳，又有說是緊那羅所傳等等。前面已言，少林武術是中國武術的組成部分，所以它與中國武術的起源有著母子關係，也就是說先有中國武術，而後才有少林武術。

要研究少林武術的起源，必然聯繫到少林寺。學者云：「拳以寺名，寺以武顯。」少林拳以少林寺而取名，少林寺以少林武術而名揚天下。根據史料記載，少林寺建於北魏太和十九年（公元 495 年），為天竺來東土傳教的跋陀（又名佛陀）所建。

少林寺從建寺起，就有了武術，隨著僧眾增多，香火興旺，少林武術由小到大、由簡到繁，逐漸形成了具有獨特風格的大武術流派，亦名少林派，也叫少林拳。

少林寺歷代武僧素有高度的愛國主義精神，見義勇為，除暴安良，用鮮血和生命譜寫了一曲曲動人的凱歌。當國難當頭時，他們奔赴戰場，英勇殺敵，為國捐軀，贏得全國人民的愛戴和贊頌，故有「少林功夫甲天下，天下英雄出少林」的說法。

一、僧帶武藝進少林

少林寺位處嵩山西段，北依五乳峰，西向少室山，周圍群山環抱，山峻林茂，奇險陡艷，清溪潺潺，景色迷人。自北魏太和十九年建寺後，歷有來自大江南北、長城內外的高僧和名人傑士。

自北魏孝文帝在太和十九年建寺至北周靜帝執政的八十多年間，先後換了二十多個皇帝，社會一直動盪不安，戰火四起，民不聊生，有很多名人傑士逃到嵩山少林寺避難。特別是一些遭奸臣陷害的將軍或因打抱不平為躲避官府捉拿的壯士，也逃到少林寺，更名換姓，削髮為僧。

這些隱士，在來寺前大都有很高的武功，皈依沙門後，不僅把自己的武功傳授給門徒或知己，而且還得機學到了寺內和尚的武藝。如此互相交流，互相學習，世代延續，使眾僧大都學會了武術。這是形成少林武術的首要因素。

如北魏時代的孫溪（法名稠），出家前就跟祖父孫才學武四年，擅長拳術和氣功。《高僧傳》和《朝野全載》云：「僧稠能躍首至樑，引重千鈞，拳捷驍勇，動駭物聽……」

　　隋代馬善通（法號子升），江西泰和人，自幼習武，功夫超群。隋文帝開皇七年，因好打不平，一拳打死知府之子，為躲避知府追捕，逃至少林寺，拜志剛為師，賜法名子升。

　　唐代的圓靜和尚，自幼習武，善練刀、槍、鞭術，尤善氣功，眾稱鐵漢子。三十歲後皈依少林寺，號稱鐵和尚。

　　宋代的孫金光，女，法號智瑞，金陵人，自幼跟舅父習武，武技出眾。後遊嵩尋殺父之仇人，如願後皈依少林寺，拜福湖大和尚為師，得法號智瑞。

　　還有山東兗州的田七（法號海舟），自幼習武，性豪爽，重義節。其父任縣令，因依法嚴懲了知府之子，受知府奸奏，滿門被抄斬，全家十八口人只逃出他一個，改名呂天保，乞討入嵩，皈依少林寺，拜惠威和尚為師，得法名海舟。

　　金元時期的白玉峰，是聞名全國的武林高手，應少林寺覺遠和尚之邀，到少林寺授技，把少林寺的羅漢十八手發展到一百七十多手，又撰寫了《少林五拳》等。後皈依少林寺為僧，法號秋月。與白玉峰同往少林寺的李叟之子也有超群的武功，一同皈依了佛門，得法名澄慧。

明代的董瑞（法號了華），原在明軍任督糧官，擅長飛鏢、技擊，外號董飛俠。洪武八年（公元 1375 年）因遲送糧草三日，被太師定罪到雲南充軍，中途逃跑，入少林寺，削髮為僧。

還有西涼的王慶，自幼好武善文，武藝超群，曾在天水打擂獲勝，名震全國。永樂元年（公元 1403 年）秋，在潼關因打抱不平，得罪縣衙，被抓入獄，幸被仁和尚搭救，同返少林寺，削髮為僧，得法名平明。

另有周太和，原河南固始縣人，幼年隨祖父習武，練得一身好武藝。為謀生計，同祖父在永城一帶賣藝，被地痞踢壇毆打，一氣之下劈死了地痞，怕吃官司而逃離家鄉，來到少林寺，改名為王飛，後削髮為僧，拜圓湛和尚為師，落法名可明。

又有生在四川的全文中，自幼好武，苦練十年，考中武舉，後任巴山縣令。萬曆二十七年（公元 1599 年）皇太子朱恆溫遊覽巴山，見一村姑貌美，仗勢強行調戲，全縣令見後當眾訓責了太子，並派縣卒護送村姑下山。太子回京後奏說全文中抗上，與奸臣合參，降旨將全文中削官為民。全文中怕連累家小，便出家到少林寺為僧，

得法名宗傳。後來皇上聞知真相，廢了太子，派欽差大臣四處訪全文中，為他申冤，並提升他做漢中知府，他卻識破紅塵，婉言謝絕。

清代的蔡林，遼東人，自幼跟祖父習武，功夫不凡，18 歲從軍，曾升為戍邊副將。因在閑談中說了不利於清廷的話，被人誣告反清之罪，怕遭殺身滅祖之禍，星夜逃離軍營，於康熙三十五年（公元 1696 年）隱居少林寺，削髮為僧，拜祖易為師，得法名清碧。入寺後默默苦練，武藝大進，升為武教頭。

還有汝州的劉大名，自幼跟風穴寺的一位和尚習劍術、拳術和氣功等，後參加馬戲團賣藝。在中岳廟會亮技時，被縣衙逼迫交手，不料一拳打中縣衙太陽穴，致死人命，縣令將他關入死牢。湛舉和尚聞訊後，以理說服縣令，並拿出三十兩銀子，將劉大名保出了縣衙。大名出獄後，親自進少林磕頭拜謝湛舉和尚，並當天皈依佛門。

近代的王文斌，原籍長春，幼年習武，立有為國爭光之志，賣藝籌款，四方拜師，精通洪拳、通臂拳、螳螂拳、八卦拳、黑虎拳和技擊等，在東北三省頗有名氣。為了提高武技，於民

國九年出家，到少林寺為僧，拜行令和尚為師，得法名永祥。

在歷代皈依少林寺的和尚中，都有帶著武藝出家的。也就是說，他們在出家前，不僅會武術，而且有些還是武藝超群的高手。出家後，把自己的武功陸續傳給門徒和知心的師兄弟，同時也得機學到寺內老僧的武藝，互相交流，互相學習，促進了少林武術的形成和發展。

二、病弱僧創造健身法

少林寺創建後，無論是跋陀傳法的禪法小乘，還是後來達摩授法的禪宗大乘，均以坐禪來修身心，以靜而養勝。這種靜而不動的參禪宗法，特別是達摩的壁觀恆靜禪法，限制了僧眾的肢體活動。氣血乃人命本，氣血通暢體則壯，氣血凝結體則病。

眾僧長期靜臥，經絡不通，陰陽失調，特別是削弱了消化系統的功能，造成食慾下振，飲食減少，導致營養不良，四肢消瘦，甚則病倒在床，命休歸西。寺主和眾僧，面對這種臥而不動所產生的後果，十分不安，不得不尋求健身之法。於是眾僧根據不同的體質，參照山林水中禽

獸魚類之姿態（如鳥飛、猴跳、虎撲、魚躍等和人們生活勞動中之動作，如點燈、上香、拂塵、拜佛、敲打等），創造了一些活動筋骨、鍛鍊身體的體育活動，讓眾僧演練。

在此基礎上，又不斷改進，幾經總結提高，逐漸形成了套路。如心意拳、柔拳、羅漢十八手、八段錦、易筋經、二堂劍等，都是少林寺僧最早演練的武術套路。

三、社會環境對少林武術的影響

少林寺位處深山峻嶺和茂密的叢林之中，當時人煙稀少，猛獸成群，出沒無常，直接威脅著寺僧的生命。眾僧為了生存，不得不以棒為械，以生產工具和家具為武器，演練技能。如燒火棍、戒尺、方便鏟、三股叉、牛角拐、弓箭、扁擔、格鬥術等，都是在此時形成的器械套路。

少林寺自北魏創建後，一直得到統治者的支持，特別是隋朝統治的 38 年中，統治者崇佛，先後有 28 個皇后到少林寺為尼。文帝朝中岳、遊少林寺時，當即御書，賜少林寺田 100 頃，使寺院成了大莊園。雖然後來在不同的朝代，有過幾度興衰，但莊園仍存，再加上香火興旺，使少林變

成了糧多財豐的大財主。

隋朝末期，統治者殘暴腐敗，加上戰火和天災，人民無法生活，被迫組軍起義。少林寺當然也成了義軍進攻的對象。

寺僧為了保衛自己生命和財產安全，不得不組織一些年輕力壯的和尚，專門習武，晝夜警戒，嚴加防犯。如現存的《少林寺碑》記載：「大業之末，此寺為山賊所劫，僧徒拒賊，遂縱火焚塔院。」

武德三年（公元 620 年），在王世充與李世民為爭奪天下而交戰於東都的關鍵時刻，少林寺以曇宗為首的十三僧奮勇伏擊活捉了王仁則，助了李世民一臂之力。唐太宗登基後重獎少林十三僧，封曇宗為大將軍，又賜田 40 頃。從此，少林寺武威大震，少林武術也揚名於世。

經建寺到唐初十三僧「拒賊」，北魏至隋末一百多年的習武經驗，使眾僧深刻地體會到習武不僅可以健身自衛、興旺佛門，而且還可以抗賊懲惡，除暴安民，匡扶正義，為國立勛，贏得王朝的嘉獎和人民的尊敬，所以自此對武術倍加重視。

四、達摩與少林武術的關係

近代的部分寺僧和一些民間拳師對少林武術的淵源模糊不清，單憑傳說，認為少林武術是由達摩祖師所創，所以把某些武術套路也以達摩命名，如達摩劍、達摩棍、達摩杖等，其實均是毫無根據的謬言。

特別是民國年間出版的《少林拳法精義》《少林拳術秘訣》《少林拳法圖說》等書都附會其說，以訛傳訛，在中外武林界流傳極廣，造成一種錯誤的認識，對我們學習和研究中國文化遺產十分不利。為了挖掘中國寶貴的文化遺產，發揚少林武術的優良傳統，必須揭開歷史，追宗求源，以確鑿的證據和鐵的事實，去探討和闡明達摩與少林武術的關係。

據《太平廣記》和《九十紀聞》記載可知，稠禪師在當時具有非凡的武功，起步如飛，一躍可以上樑，出拳捷而勇猛，可以擊斃猛獸，伸手可以提動千斤之物，實為一個內外兼修的武林高手。

根據《少林寺志》和《高僧傳》記載，稠禪師是少林開創者跋陀和尚的弟子，在北魏太和十

九年（公元 495 年）皈依少林寺。而達摩是孝明帝孝昌三年（公元 527 年）才來嵩山的，比稠禪師晚到少林寺 32 年，怎能向稠禪師傳授武術呢？

根據《景德傳燈錄》和《少林寺志》等文獻記載，達摩到嵩山後，寓止於五乳峰半山腰一個濁洞裡，面壁九年，下山去西而逝。他根本就沒有進過少林寺院，除了在寺外授法於神光外，沒有接觸過一個和尚。

達摩不僅沒有向眾僧傳過任何拳術，而且眾僧所習之武術也與達摩毫無關係。

據詳查《魏書》《少林寺志》和少林寺現存的歷代碑刻等，從沒有一個字提到達摩會武術，所以說達摩根本不是少林武術的創始人。

那麼，為什麼有「達摩創少林拳」之說呢？據查證，是清代後期人們根據《景德傳燈錄》而牽強附會的結果。

11 世紀末出版的《景德傳燈錄》云：「達摩在後魏孝明帝太和十年十一月二十日屆於洛陽，寓止於嵩山少林寺，面壁而坐，終日默然。到太和十九年丙辰十月五日，乃端居而逝。」按此之說，達摩在少林寺面壁的時間恰好是九年，便成了後世傳說附會的時間依據。其實《景德傳燈

錄》這段話，是經不起推敲的：所說的「太和十九年」中的「太和」，是北魏孝文帝的年號，後來的孝明帝並無此年號。

　　像《景德傳燈錄》這種荒謬之談，竟成了後人附會達摩創少林拳的依據，真是咄咄怪事。

　　至明代中期，《少林棍法禪宗》和《少林棍法》等書也未有一字說達摩會武功。這充分說明少林寺自公元 495 年創建到明代中期的一千多年間，還從未有人說過達摩與少林武術有任何關係。

　　清兵入關後，統治者擔心漢人復明反清，多次下令禁止僧道和民間習武。一些愛國的武林義士，胸懷復明大志，但又不敢公開習武或授藝，為了達到其目的，他們借清代統治者崇佛的心理，便把達摩推出來，架於少林拳之上，故意編造「達摩創少林武術」之說，掩遮統治者的耳目。以至後來《易筋經》李靖所寫的序言、1915年出版的《少林拳術秘訣》、1921 年出版的《少林拳法圖說》和 1926 年出版的《湯顯祖達摩派拳訣》，都附會達摩創少林拳之說，特別是 1917 年出版的《少林拳法精義》竟把作者署名為達摩。

　　還有些武士，為了把少林武術推向神化，有

意偽編達摩授技秘訣，使許多少林武術套路以達摩定名，如達摩棍、達摩劍、達摩杖等。一些少林寺的和尚也偽說「達摩創少林拳」，來提高達摩的聲威，以增山門榮輝。達摩創少林武術之說經過僧道和民間以訛傳訛，漸漸瀰漫於三十餘部武術專著，甚至揚於海外。

由上述論證，雖可斷定達摩不會武術，更談不上什麼少林武術或少林拳創始人，但也不可否認達摩對中國神宗的影響，達摩確是中國禪宗大乘派的鼻祖。

綜上所述，可以斷定：少林武術始於北魏，源出嵩山少林寺，揚名於唐。少林武術是少林寺眾僧在自己創編的健身套路基礎上，廣泛吸收全國各武術門派之精華，經過長期艱苦磨練，反覆推敲，不斷改進，逐漸發展起來的。

第三節　少林武術的發展

少林武術從北魏起源到現在，已有一千五百多年的歷史，興旺於唐、宋、金、元，極盛於明，衰落於清，新中國成立後再度興起。

自唐以來，少林寺成了全國武傑的嚮往聖

地，也是中國武術的一個重要集散地。

《少林寺志》記載：「宋末，少林寺高僧福居曾邀集全國十八家武術師到少林寺演練三年，各取所長，匯集成少林拳譜。」

《少林拳譜》手抄本記載：宋代方丈大和尚福居，德高望重，佛武醫文皆通，名揚天涯海角。為增眾僧武功，共邀十八家高手匯集少室，一則授藝於僧，二則各演其技，擇優互學，取長補短。歷代祖師傳說宋太祖也曾來寺，還調遣諸州名將輪駐少林寺，一來授藝於僧，二來取僧之長。《少林拳譜》云：少林派亦稱外家，趙匡胤為開山祖師也。

據上述文史和有關資料考證，宋代是少林武術發展的興旺時期。拳術增加至一百七十餘套，馬籍之短打、孫垣之猴拳、劉興之勾摟探手、譚方之滾臂貫耳、燕青之粘拿跌法、林沖之鴛鴦腳、孟蘇之七勢邊拳、崔連之窩裡炮捶、楊滾之捆擄、王郎之螳螂、高懷德之摔掠、趙匡胤之三十六長拳，都在此時傳入少林。

同時十八般武藝也先後傳少林，如楊家槍、羅家槍、梅花槍、燕青刀、春秋刀、猿猴棒、龍泉劍、八仙劍、九節鞭、釵、鈎、戟、鏢、斧、

箭、鐮、鐧、槊、圈、錘、鏟、匕首等有一百三十餘套。

據《少林寺志》和有關資料記載，覺遠和尚為提高武技，不遠千里，四方求藝，曾到蘭州拜會李叟。李叟除向覺遠推薦武林高手白玉峰，又帶領自己的兒子，四人返洛陽後同回少林寺。四人在沙門朝夕相處，親如手足，叟和白玉峰在寺內向覺遠和眾僧傳授拳械、擒拿、氣功、劍術等武技。十年後叟離寺，令其子皈依沙門，師賜法號澄慧。白玉峰也剃度為僧，法名秋月。

覺遠和尚虛心向叟、白二師求教，刻苦演練，終獲奇功。他把羅漢十八手發展到七十二手，又立習武戒約十條，以嚴武規。後人稱他為少林拳的中興之祖。

秋月禪師（山西太原人）擅長搏擊和劍術，皈依少林後融合舊術，把羅漢十八手創增到一百七十三手，又編著了《五拳精要》；闡述了龍拳、虎拳、蛇拳、豹拳、鶴拳之練法和用法，教僧眾演練，為少林武術的發展起了推動作用。

總之，宋代是少林武術的發展興旺時期。福居倡導武法，匯集八方英傑，廣泛交流武技，使眾僧頗有啟發，演練的拳械套路多達三百七十

餘種，並錄編成譜，永遠流傳。

據《少林寺志》記載，元初，福裕和尚受元世祖之命，前往少林寺任方丈，死後封為晉國公。他在和林、長安、燕薊、太原、洛陽又建立了5座少林寺，為嵩山少林寺的支寺，並派高僧和武僧管理，對少林武術的傳播和發展起了很大的作用。元末至正年間，著名的棍術大師程沖斗先後在少林寺學習棍術十載，以後將所學精華整理編寫成《少林棍法闡宗》，載述了「小夜叉」「大夜叉」「陰手棍」「破棍」等，是一部繼承和研究少林棍法的專著。

據少林寺白衣殿後牆上壁畫和《少林棍法闡宗》記載，元至正年間，紅巾軍發難，偶有一僧，蓬頭裸背，手持燒火棍，騰於嵩峰和御寨峰端，大喝「吾緊那羅王也」，紅巾軍力卒退止。此論雖說荒謬，但至今僧眾心目中仍印象極深，都說「緊那羅王棍術絕超，有萬夫不當之勇，為少林棍術之祖」。據考證，緊那羅確有此人（河南偃師人，俗名汗那羅），而把他擬訛成樂神和什麼觀音菩薩的化身，能騰雲踏峰，揮棍呵退紅巾軍，則荒謬之談。

據《少林寺志》記載，元至正年間（公元

1347 年），日僧邵元和尚長期居少林寺，他精通漢文，擅長書法，曾任書記，並得到少林武術之傳授。於公元 1379 年回國將少林武術帶到日本，廣為傳播，深受日本人民的尊敬，稱之為「國魂」。

在邵元之前，大智和尚於元皇慶元年（公元 1312 年）由日本來少林寺，苦行修練十三年之久，學到少林拳和少林棍。公元 1324 年回國，廣收門徒，傳授武技，把中國少林武術傳入日本，廣撒火種，武花盛開。

元代少林寺方丈福裕和尚，統一五派，元仁宋皇慶元年（公元 1312 年）被皇帝封為大司徒，使少林武術開始向國外廣泛傳播，為普及少林武術和增進中外友誼作出了卓越貢獻。

《正氣堂錄》記載，明大將軍俞大猷到少林寺，當他看到眾僧演練的武術已失古人真訣時，當眾明告。眾僧皆曰：「願受指教。」俞曰：「此必積之歲月而後得也。」眾僧當即推薦年少勇偉的宗擎和普從二僧隨俞出征，一邊殺敵，一邊習武，三年後亦得卓功。二僧不僅學到高超的劍術，而且還習得驚人的輕功、搏擊等絕技，然後謝俞返寺，技授眾僧。從此俞大猷將軍的武技

精華就傳入了少林寺，流傳至今。

　　《中國武術史》記載，明代的少林寺僧普遍習武。正德年間（公元 1506～1521 年），少林寺已「以搏名天下」。嘉靖三十二年（公元 1553 年），少林寺武僧參加了江南禦倭之戰，數年屢立戰功（見《夏松倭變記》）。明人王士性在《嵩遊記》中說，「寺僧四百餘，武技俱絕」，演出時「拳棍搏擊如飛」。

　　明天啟五年（公元 1625 年），河南巡撫程紹來少室檢閱寺僧練武，觀後大為贊頌，曾作《少林觀武》詩曰：

　　智憩提擬試武僧，金戈鐵棒技層層。剛強勝有降魔力，習慣輕攜搏虎能。

　　定亂策勛眞證果，保邦靖世即傳燈。中天緩急無勞慮，忠義毗盧演大乘。

　　據很多歷史資料記載，明代少林寺僧習武人數最多，擅長棍棒、搏擊、氣功、劍術等。僧兵常備不懈，隨時準備應詔出征，如月空、小山、邊澄、智甫、智善、自然、月忠、玉田、古峰、了心、徹堂、周友、周參、洪紀、洪信、普從、普便、宗袋、宗擎、三奇、參公、萬庵、便公、

東明、廣按、竺芳、天員、一峰、真元、天池、天真等都多次赴邊，痛擊倭寇，屢立戰功，表現了少林寺僧武藝高強、英勇殺敵的愛國精神。

明朝從洪武到崇禎的二百六十多年間，武僧多在數千，其中應詔為將者和武林高手達百餘人，編寫武著四卷，創增套路十三套，為發展少林武術和提高武技起到巨大的作用。

清廷為了鞏固政權，憂慮漢人反清復明，曾多次降旨禁止民間教習拳棒，命令地方官對違者都要逮捕查辦，從此寺僧和民間武士都不敢公開習武，只有在夜間偷練武功。

據少林寺已圓寂的方丈德禪大和尚生前說：「清代自順治開始，就禁止寺僧習武，致使不少武僧高手流落四方」。

道光八年（公元 1828 年），清廷官員麟慶代替巡撫祭祀中岳時來少林寺宿，要求觀看少林拳。當他詢問寺僧練拳情況時，眾僧「諱言不解」。然後他對眾僧說：「少林拳勇自昔有聞，只在謹守清規，保護名山，正不必打謎語。」方丈見他沒有惡意，才敢選出有功夫的武僧在緊那羅殿前表演六合拳、技擊等。他觀後大為贊賞說：「熊經鳥伸，果然矯捷。」

　　由於清廷嚴禁教武練武，所以寺僧不敢在公開場合習武，只有夜深人靜時在殿內閉門練功，現留跡在寺內千佛殿地磚上的四十八個腳凹，就是眾僧演練千斤腳的足跡和見證。

　　清統治者雖禁止習武，但不可能滅絕少林武功。武僧雖僅夜練，卻功夫高超，如同替的飛火鞭、真樂的火花杖和護身拐，還有如有的單刀、如殿的鐵沙掌、海法的宣花斧、海潤的旋風鞭、海梁和湛舉的六合掌、湛化的三節棍、湛可的金剛拳等，都功超前僧，威震武林。

　　清歷任住持的高僧大都佛武精通，倡導文書錄集和復抄歷代秘本，如《少林拳譜》《飛火鞭譜》《少林武藝譜》《少林鐵沙掌》《海法華斧訣》《旋風鞭》《六合拳譜》《三節棍譜》《少林金瘡寶囊》《少林武僧集錄》《少林寺征戰譜》等都在清時完善。

　　民國年間，寺僧逐漸減少，多則三百，少則百餘。當局雖未禁武，但也無濟於事，而在寺餘僧和民間武士卻滿腹宏志，依然苦行習武，爭獲絕技，待機報效國家。如飛毛腿貞俊、金羅漢妙興、鴛鴦腳德根、飛檐走壁的許世友、鐵沙掌錢鈞、發氣斷鏈的李根生、鐵身靠貞緒等老前輩，

都武功卓著，威震四方，增輝少林，為發揚國
粹、振興中華貢獻良多。

　　不幸的是 1928 年，軍閥石友三火焚少林寺，
大火漫燃四十餘天，主要殿宇被毀。更可惜的是
《少林武僧集錄》《少林寺醫秘集錦》等十餘部
武技醫傷寶貴資料同藏經閣並燃為灰，僧眾四
散，寺容破爛不堪。從此飲譽中外的天下第一名
剎、武術聖地少林寺一落千丈，渺渺殘存。正如
當時一位遠方來寺求藝的學者留詩所云：

　　興興千里來學藝，古剎四處煙雲起。
　　人說少林武術佳，為何不與暴軍抵？
　　都說功夫出少林，望處僅幾老僧遲。
　　殿宇殘柱陪天坐，一片瓦礫綴焦土。
　　滿腹宏志成泡影，掃興而歸長嘆氣。

　　新中國成立後，不僅少林寺得到修整、重
建、擴建，而且還在寺附近新建了演武廳等一些
新型建築，以迎接海內外武林志士、少林舊宗朝
聖者及廣大旅遊愛好者習武、觀光、遊覽。為弘
揚少林武功，少林寺僧在繼承少林武術歷史遺產
的基礎上又有新的發展，並於 1988 年成立了少林

寺武僧團。此團已於 1989 年先後到鄭州、海口等
市表演，1990 年又應新加坡和美國武術團體的邀
請出訪。

少林武術在國泰民安的聖境中，得到空前未
有的發展，使少林寺這一佛武古剎又增新輝。特
別是近幾年來，隨著國行良策、擴大對外開放，
全世界武術愛好者成千上萬地擁進少林寺區，分
布在 80 多所專業武術學校修文習武，為振興登封
經濟、加強中外友誼及增強全人類的體質，有著
積極的作用。

正如新加坡學者林文進先生留詩所說：

天下名剎首少林，不愧中華禪祖真。
眾僧博通六祖書，擒龍搏虎武風振。
金名雖起隋唐古，今朝業績分外芬。

真是「野火燒不盡，春風吹又生；旭日照嵩
山，武花分外紅」。

新中國成立後，當地政府十分關懷少林寺和
少林武術的發展。曾多次撥款數千萬元屢次整修
殿宇，不僅整修了山門、方丈室、白衣殿，而且
按原樣修復了天王殿、大雄寶殿、六祖堂、緊那

羅殿、捶譜堂、藏經閣、鐘樓、鼓樓等，使寺容煥然一新。國家和地方政府先後籌資五千七百多萬元，在寺院東側新建了規模宏大、造型壯觀的「少林寺武術館」。

該館占地 40 畝，總面積七千多平方米，是目前全國最大的武術館。內設擂臺、表演大廳、習武大廳、餐廳、住宿樓、外賓接待樓、留學生樓、浴池、教學樓等。1993 年還新建了外貌新穎、工藝精奇的露天演武場。

近十年來，寺僧復春，少林武術空前發展。在各級政府的關懷下，先後成立了少林寺武術挖掘小組、少林寺武術協會、少林寺拳譜編委會、登封市少林武術協會、登封市嵩山少林拳法研究會等武術團體和研究機構。市體育部門先後請教練員、少林寺僧及皈依弟子編寫了《嵩山少林拳法》《少林武術》《少林擒拿法》《少林武術入門》《少林點穴法》《少林十八般兵器》《少林拳法真傳》《少林羅漢拳》《少林看家拳》《少林醫秘集錦》《少林延壽法》《少林洪拳》《少林武術大全》《少林寺百科全書》等八十餘本專著，為發揚、普及和提高少林武技提供了寶貴的資料。

少林
武術理論

　　在登封市政府的關懷下，市體委扶助民間少林武師陸續建立了五十餘所少林武術專業館校，按照國家武術院和省武院的具體指示，制定了教學和辦校管理等標準，大大提高了授技質量。目前來少林寺武術館校學功的青少年，每年不下一萬五千人，國外學員也逐漸增多。

　　除少林寺外，全國各地也先後創辦了不少少林武術館校，如廣東、海南、北京、浙江、安徽、福建、江西、雲南、貴州、四川、山東、江蘇、吉林、黑龍江、新疆、內蒙古等地。據不完全統計，目前全國已有少林武術專業館校八百餘所，學員三十餘萬人。

　　近年來，新加坡、日本、美國、英國、法國、義大利、比利時、德國、馬來西亞、韓國等國也陸續成立了少林武術協會和館院等，全世界的會員、學員人數有三百多萬。總之，少林武術熱已燃遍全球，據不完全統計，全世界演練少林武術者已達一千萬人。

　　隨著我國的深化改革，再度給少林武術插上了五彩繽紛的翅膀。原河南省省長李長春同志於1991年親自點燃了國際武術節的火把，至今在鄭州市已連續舉辦了數屆「中國鄭州國際少林武術

節」。來自五大洲的數百名武術健兒匯集鄭州，拳戈結友誼，閑間談貿易，不僅進一步提高了少林武術的知名度，而且也為發展中州旅遊事業和振興中原經濟起到了推動作用。

作為少林武術故鄉的登封人民，正在市委市政府的領導下，信心百倍，力爭在新世紀初，把登封建成「東方武術城」，為少林武術走向全國、走向世界作出新的貢獻。尤其是 2000 年以來，市委市政府號召全市 60 萬人民齊心協力，投資幾億人民幣，從事少林寺景區建設，千方百計使少林古刹申報世界文化遺產成功。

隨著 2000 年 10 月首屆全國少林拳大賽圓滿成功，2004 年在登封將舉辦國際少林武術節及第 2 屆全國少林拳大賽。少林武術正飛向全世界，為增進全人類的體質健康和促進世界和平發揮更大的作用。

第二章　武術的內容

第一節　中國武術的內容

中國武術按其運動形式可分為套路運動和搏鬥運動兩大類。

套路運動，是以技擊動作為素材，以攻守進退、動靜疾徐、剛柔虛實等矛盾運動的變化規律編成的整套練習形式。

套路運動按練習形式又可分為單練、對練和集體演練三種類型。

單練包括徒手的拳術與器械。

對練包括徒手的對練、器械對練、徒手與器械對練。

集體演練則分徒手的拳術、器械或徒手與器械。

一、單　練

(一)拳　術

是徒手練習的套路運動。主要拳種有長拳、太極拳、南拳、形意、八卦、八極、通背、劈掛、翻子、地躺、象形拳等等。

1.長拳

是一種姿勢舒展、動作靈活、快速有力、節奏鮮明並有躥蹦跳躍、閃展騰挪、起伏轉折和跌撲滾翻等動作與技術的拳術。主要包括拳、掌、勾三種手型，弓、馬、仆、虛、歇五種步型，以及一定數量的拳法、掌法、肘法和屈伸、直擺、掃轉等不同組合的腿法，以及平衡、跳躍、跌撲、滾翻動作。

長拳技術以姿勢、方法、身法、眼法、精神、勁力、呼吸、節奏為八要素。長拳套路主要包括適應普及的初級、中級套路，以及適應競賽的規定套路和自選套路。

2.太極拳

是一種柔和、緩慢、輕靈的拳術。動作柔和緩慢，處處帶有弧形，運動綿綿不斷，勢勢相

連。傳統的太極拳有陳式、楊式、吳式、孫式和武式等較有影響的流派。各式太極拳又有大架、小架、開合、剛柔相兼等各自不同的特點。國家體委先後整理出版了《簡化太極拳》《四十八式太極拳》及各式太極拳競賽套路。

3. 南拳

是一種流傳於我國南方各省的拳勢剛烈的拳術。南拳的拳種流派頗多，各自又有不同特點。一般說腿不高踢，多橋法，擅標手。

運動特點是動作緊削，剛勁有力，步法穩定，手法多變，身居中央，八面進退，常以發聲吐氣助發力、助拳勢。

4. 形意拳

是以三體式為基本姿勢，以劈、崩、鑽、炮、橫五拳為基本拳法，並吸取了龍、虎、猴、馬、鼉、雞、鷂、燕、蛇、鮐、鷹、熊十二種動物的形象擊法而組成的拳術。

其運動特點是：動作整合簡練，嚴密緊湊，發力沉著，樸實明快。

5. 八卦掌

是一種以擺扣步為主，在走轉中換招變勢的拳術。以單換掌、雙換掌、順勢掌、背身掌、磨

身掌、翻身掌、雙抱掌、轉身掌為基本八掌，步法變換以擺扣步為主，包括推、托、帶、領、搬、攔、截、扣等技法。運動特點是沿圓走轉，勢勢相連，身步靈活，隨走隨變。

6. 八極拳

是一種以挨、傍、擠、靠等貼身近攻動作為主要內容的拳術。

其套路結構短小精悍，發力剛脆，步法以震腳闖步為主，具有節勢短險、剛猛暴烈、猛起硬落、逼身緊攻的短打類型的拳術特點。

7. 通背拳

是以摔、拍、穿、劈、攢五種基本掌法為主要內容，透過圈、攬、勾、劫、削、摩、撥、扇八法的運用，而生化出許多動作的拳術。

它的特點是出手為掌，點手成拳，回收仍是掌；動作大開大合，放長擊遠，發力起自腰背、甩膀抖腕，冷彈脆快。

8. 劈掛拳

是一種以猛劈硬掛為主的長擊快打且兼容短手的拳術。基本方法有滾、勒、劈、掛、斬、卸、剪、踩、掠、擄、伸、收、摸、探、彈、砸、擂、猛十八字訣。練習時要求護腰切胯、溜

臂合腕，講究滾勒勁、吞吐勁、劈掛勁、翻扯勁和轆轤勁等勁法。

其運動特點是：大開密合，長擊冷抽，雙臂交劈，斜攔橫擊，吞吐含放，翻滾不息。

9. 翻子拳

是一種以短打為主、嚴密緊湊、拳法密集、出手脆快的拳術。主要拳法有沖、掤、豁、挑、托、滾、劈、叉、刁、裹、扣、摟、封、鎖、蓋、壓等。其運動特點是步疾手密、連珠炮動、閃擺取勢、上下翻轉、迅猛遒勁，有「翻子一掛鞭」之說。

10. 地躺拳

是以跌、撲、滾、翻等地躺摔法和地躺腿法為主要內容的拳術。技巧性較強，動作難度也較高。全套中出現的動作有搶背、盤腿跌、摔剪、烏龍絞柱、虎撲、栽碑、撲地蹦、鯉魚打挺及勾、剪、掃、絞等腿法。

其運動特點是順勢而跌，旋即而起，臥地而擊，高翻低滾，起伏閃避，一氣呵成。

11. 象形拳

是模擬各種動物的特長、形態以及表現某些古代人物的搏鬥形象和生活形象的拳術。如鷹爪

拳、螳螂拳、猴拳、蛇拳、鴨形拳，以及八仙醉酒、魯智深醉跌、武松脫銬等，都屬於象形拳。象形拳分象形、取意兩種。

象形是以模仿動物和人物的形態為主，缺少或很少有技擊的動作；取意則以取意動物的搏擊特長為主，以動物的搏擊特長來充實技擊動作的內容。

(二)器　械

器械的種類很多，可分為短器械、長器械、雙器械、軟器械四種。

短器械主要有刀術、劍術、匕首等；長器械主要有棍術、槍術、大刀等；雙器械主要有雙刀、雙劍、雙鈎、雙槍、雙鞭等；軟器械主要有三節棍、九節鞭、繩鏢、流星錘等。現將競賽表演中的主要器械項目簡述如下：

1.劍　術

劍是短器械中的一種。由刃、背、鋒、護手、柄等部分組成，長度以直臂垂直反手持劍的姿勢時劍尖不低於本人的耳上端為準。劍術主要是以刺、點、撩、截、格、洗等劍法，配合步型、步法等而構成套路。

其運動特點是輕快灑脫，身法矯健，剛柔相兼，富有韻律。

2.刀　術

刀是短器械中的一種。由刃、背、尖、護手盤和刀柄等構成，長度是以直臂垂肘抱刀的姿勢時刀尖不低於本人的耳上端為準。刀術是以纏頭裹腦和劈、砍、斬、撩、扎、掛、戳、刺等基本刀法為主，並配合各種步型、步法、跳躍等動作構成的套路。

其運動特點是勇猛快速，激烈奔騰，緊密纏身，雄健慓悍。

3.槍　術

槍是長器械中的一種。由槍頭、槍纓和槍杆所組成。多用白蠟杆作槍杆。槍術是以攔、拿、扎為主，還有崩、點、穿、挑、雲、劈等槍法，配合各種步型、步法、跳躍構成套路。

其運動特點是力貫槍尖、走勢開展，上下翻飛，變幻莫測。

4.棍　術

棍是長器械中的一種。棍的長度同本人的身高。棍術是以劈、掃、戳、掄、撩等棍法為主，並配合步型、步法、身法等構成的套路。

其運動特點是勇猛潑辣，橫打一片，密集如雨，氣勢磅礴。

5. 大　刀

大刀是長器械中的一種。以劈、砍等刀法為主，結合舞花以及掌花、背花等動作構成的套路。「大刀看頂手」，握在刀盤下面的右手不論是劈、砍、斬、抹，還是挑、撩、截、錯，在刀法變化的任何情況下，都必須使右手頂住刀盤，虎口對準刀背。

大刀的特點是「劈刀遞纂」，既要有刀法的使用，也須有刀柄尾部纂法的使用。練習時大劈大砍，雄偉潑辣，氣勢軒昂。

6. 雙　刀

雙器械中的一種。以劈、斬、撩、絞等刀法結合雙手左右纏頭、左右腕花、交互掄劈等變化構成的套路練習。「雙刀看步走」，在兩手持刀舞動時，步法必須與刀法上下相隨，對上下肢的協調性要求較高。

雙刀的運動特點是刀法密集，貼身嚴謹，左右兼顧，邊走邊打。

7. 雙　劍

雙器械中的一種。主要以穿、掛、雲、刺等

劍法為主，結合身法、步法雙手交替運使的套路。

其運動特點是身隨劍動，步隨身移，劍法、身法、步法三者合一，瀟灑奔放，矯捷優美。

8. 雙　鈎

雙器械中的一種。主要是由勾、摟、鎖、掛等方法所組成的套路。

其運動特點是鈎走浪勢，身隨鈎走，鈎隨身活，身靈步輕，造型灑脫多變。

9. 九節鞭

軟器械中的一種。主要是由掄、掃、纏、掛等軟鞭鞭法所組成的套路。主要動作有手花、腕花、纏臂、繞脖、背鞭等。

其運動特點是鞭走順勁，掄舞如輪，橫飛豎打，勢勢相連，時硬時軟，軟時似繩索纏繞，硬時似鐵棒掄轉。

10. 三節棍

軟器械中的一種。主要是由掄、掃、劈、舞花等棍法構成的套路。

其運動特點是能長能短，軟硬變幻，勇猛潑辣，勢如破竹。

11. 繩鏢、流星錘

均屬軟器械。是以繩索纏身繞身體各部而變化出各種擊法和技巧的套路。主要動作有踢球、拐線、纏脖、十字披紅、胸前掛印等。

練習流星錘和繩鏢都須用巧勁，一根長索在身前、身後、腿部、肘部、頸部纏繞收放，出擊自如，變幻莫測，是技巧性較強的項目。

二、對　練

對練是兩人或兩人以上，按照預定的程序進行的攻防格鬥套路。其中包括徒手對練、器械對練、徒手與器械對練三種練法。

(一)徒手對練

是運用踢、打、摔、拿等方法，按照進攻、防守、還擊的運動規律編成的拳術對練套路。有對打拳、對擒拿、南拳對練、形意拳對練等。

(二)器械對練

是以器械的劈、砍、擊、刺等技擊方法組成的對練套路。有長器械對練、短器械對練、長與短對練、單與雙對練、單與軟對練、雙與軟對練等多種形式。常見的有單刀進槍、三節棍進棍、

雙匕首進槍、對刺劍等。

(三)徒手與器械對練

是一方徒手另一方持械進行的攻防對練套路，如空手奪刀、空手奪棍、空手進雙槍等。

三、集體演練

集體演練是集體進行的徒手、器械或徒手與器械的演練。在競賽中通常要求六人以上，可變換隊形、圖案，也可用音樂伴奏，要求隊形整齊，動作協調一致。

四、搏鬥運動

搏鬥運動，是兩人在一定條件下，按照一定的規則進行鬥智較力的對抗練習形式。

目前武術競賽中正在逐步開展的有散手、推手、短兵三項。

(一)散　手

是兩人按照一定的規則，使用踢、打、摔、

拿等方法制勝對方的競技項目。

(二)推　手

是兩人遵照一定的規則，使用掤、捋、擠、按、採、挒、肘、靠等手法，雙方沾連黏隨，通過肌肉的感覺來判斷對方的用勁，然後借勁發勁將對方推出，以此決定勝負的競技項目。

(三)短　兵

是兩人手持一種用藤、皮、棉製作的短棒似的器械，在 16 市尺直徑的圓形場地內，按照一定的規則，使用劈、砍、刺、崩、點、斬等方法進行決勝負的競技項目。

第二節　少林武術的內容

少林武術是中華武術最早的武術流派之一，其歷史悠久，內容豐富，獨一無二。據記載，其中拳戈共計 552 套，另加擒拿、格鬥、卸骨、軟硬氣功等研練的各種功夫套路 156 種，總計 708 套（種）。

凡少林寺僧、俗家弟子演練和整理、創編的

拳、械及其他武術套路功法，和寺外自稱是少林
武術並且符合少林武術風格特點的武術套路，都
稱少林武術。

少林武術是歷代少林寺眾僧和俗家弟子在自
己創編的健身套路基礎上，廣泛吸收全國武術精
華，經過長期艱苦磨練而發展形成的一個較早、
較大的民間武術流派。其內容豐富，包括以下各
個方面。

拳　術

有羅漢十八手、柔拳、心意拳、五拳、心意
把、大洪拳、小洪拳、通臂拳、羅漢拳、梅花
拳、炮拳、七星拳、長護心意門拳、長拳、黑虎
拳、猴拳、豹拳等。

器　械

槍術有十三名槍，二十七名槍、三十三名
槍、六合槍、散孔六合槍、梅花槍、楊家槍、羅
家槍、二十四槍等；刀術有少林單刀、梅花刀、
纏頭刀、滾躺刀、血濺刀、春秋刀、乾坤刀等；
劍術有二堂劍、達摩劍、龍泉劍、七星劍、八仙
劍、龍形劍等；棍術有燒火棍、齊眉棍、六合
棍、雲陽棍、排棍、大夜叉棍、猴棍、五虎群羊
棍、白蛇棍、達摩棍、陰手棍、齊天大聖棍、鎮

山棍等；稀有器械有虎頭鈎、方便鏟、九節鞭、梢子棍、匕首、飛鏢、流星、鐵扇子、鐵笛、鴛鴦圈、達摩杖、牛角拐等。

其他功夫

有擒拿術、點穴術、軟氣功、硬氣功、鐵沙掌、梅花樁和七十二藝等。

健身套路

有少林易筋經、八段錦、長壽拳、風擺柳等。

在運動保健方面，有聞名中外的少林寺傷科秘方、少林十八針、少林膏藥等。

南拳是南少林武術中拳種的簡稱。目前在閩中、閩南、廣東、廣西、湖南、浙江、香港、澳門等地流傳的有五祖拳、佛祖拳、安海拳、猴形羅漢拳、工字伏虎拳、二郎拳、白鶴拳、帶鎖拳、一指禪、全撩拳、虎鷹拳、火龍拳、尊龍拳、虎爪掌、一指掌、一指梅等。其器械有南刀、南棍、南劍、南槍和稀有兵器等。

南少林武術套路的內容也十分豐富，拳戈、技擊、對練、軟硬氣功等應有盡有，不勝枚舉，

大約有三十多套。

第三節　少林武術的特點

一、出招進退　拳打一條線

出招進退，拳打一條線，也就是平常說的少林拳打一條線。拳打一條線，是少林武術的首要特點，也是區別少林武術與其他門派的分水嶺。其意是每個套路從起勢到結尾，始終都保持在一條線上運動。其實戰功能有二，一是運動形態，二是出擊方向為直線出擊。

運動形態的功能，主要是培養運動員在與人交手時能夠搶時間，即俗話說的「先下手為強」。近距離擊打對方，首先要有先發制人的意識。

直線出擊的作用主要指速度快。歷代先師的習武經驗告訴我們，與人交手或偶遇歹徒時，要爭取時間，快步進攻。接近對方，特別是在接近對方之後，要乘機先發第一招，就像射箭一樣，「嗖」地一下擊中目標，擊中對方要害。要快到出手打人不見手，抬足踢人不見影，無論是進或

退，或是轉身移位，都要爭取時間，快了還要快，比快還要快。

二、非曲非直　滾出滾入

非曲非直，滾出滾入，是指少林拳的手法特點。在出拳或出掌襲擊對方時，要求手臂直而不直，曲而不曲。因為出手之臂若直了，手臂部位的脈管、筋絡都很緊張，暴露較顯，不僅易遭對方侵擊，而且失利時影響收避。

反之，手臂太曲了，既沒有力量，又失去擊對方要害部位之距離。

所以，先師們在長期艱苦的磨練中，創出了非曲非直的擊手經驗，既利於進攻，又利於防守。須長者伸長，須短者曲短，靈活運用，益攻益防，則交手無不勝。

「滾出滾入」是指出拳或出掌時，手臂就像螺旋一樣去襲擊對方。其特點是，借手臂滾動之機，調丹田之精氣，上輸全手臂，貫拳掌之力，著點時崩發九牛二虎之勁，重擊對方要害部位。

拳譜曰：

　　曲而不曲，直而不直。

　　短者伸直，長者則曲。

少林
武術理論

快了還嫌慢，立求疾中疾。

出拳如螺旋，陰陽玄妙理。

三、內容豐富　套路招式多

少林武術的內容十分豐富，套路多達七百餘種，數列全國各武術派別之最。

宋代福居和尚邀集全國十八家武林高手，到少林寺交流武藝，得機會匯集成拳譜。明代少林武術發展到頂峰，至今已有各種套路七百餘套，每套都有 3 招特殊的實戰技法，總起來有 2100 招。若練 100 套，不是就能掌握 300 招嗎。一旦在實戰交手或途中遭歹徒襲擊，拿出 300 招去對付，可以伸手制敵。

其實，一般對付歹徒有三五招就足夠了，當然是越多越好，招數越多，越能應付複雜的情況，更能在交手中隨機應變，制服對手。所以說少林武術的豐富內容，給習武者提供了充足的實戰技法。這是少林武術與其他門派不同的主要特點之一。

四、重在實戰　樸實無花架

重在實戰，樸實無花架，也是少林武術的主

要特點之一。它的形成與社會政治、軍事及現實生活均有密切的關係。所以說武術也是文化，而且是富有趣味的人體文化。

　　僧者本不動武，應以善為本，以慈為懷，無怒無怨，普度眾生。但為什麼又習武呢？又要弄刀槍棍棒去殺生呢？這是因為社會政治和軍事對寺院的直接影響。

　　少林寺在隋開皇元年起就占地一百頃，年收五穀萬擔，再加香火旺盛，銀兩超千，成了方圓群眾注目的大富翁，尤其引起土匪豪強的暗算，佛財隨時遭劫。寺院為了生存，就把一些年少力強的和尚組織起來，訓練武藝，來保衛寺院。

　　習武的眾僧在練功時，均從實戰出發苦練過硬功夫，每招每式都以疾、準、狠攻擊對方，又以退、變、躲嚴防挨打。他們依上法夜以繼日，刻苦研練，根本不講究好看不好看，也就是說不講花架子，只注重於實戰效果。

　　隋末，唐高祖武德三年（公元 620 年），鄭王世充和秦王世民在東都交戰，關鍵時刻，少林寺派出曇宗為首的十三僧，持械伏擊，痛擊了鄭軍，為秦王李世民滅隋建唐助了一臂之力。故少林寺大得太宗嘉獎，賜田四十頃，加封曇宗為火

將軍僧，批准常備僧兵五百，少林寺從此公開參
與政治，自然也介入了軍事，名聲威震四方。

　　延至宋元明代，少林寺武僧有增無減，特別
是明代，武僧人數多達三千。從成化到嘉靖一百
年間，少林寺先後應詔三十餘次，去抗倭戌邊。
在幾年的罷生死、搏肉落首的軍事激戰中，更使
眾僧體會到了習武與實戰的重要性，迫使教頭向
眾僧徒授技時，專授有用的實戰招式，不傳花架
子。也使眾徒深刻地體會到，誰練花架子誰吃
虧，只有練實戰本領才是硬功夫。

　　少林武術自北魏太和十九年（公元 495 年）
有僧稠和尚顯名後，歷代都有帶著武藝進少林寺
的新僧，如隋大業十年皈依弘忍門下的神秀、唐
代中期到少林寺的圓靜、五代十國年間的白玉
峰、宋代從金陵出家的智瑞、明代隨雪居和尚進
少林寺的圓靜、清代的海玲、近代的永祥等，都
是在出家前就身懷不同武術流派功夫的人。

　　他們出家後把自己的武功與眾僧廣泛交流，
使少林武術得以吸收全國各門派武藝之精華，有
利於提高實戰技能。特別是宋末，福居和尚邀集
全國十八家武林高手，到少林寺交流武藝，匯編
成拳譜，使少林武術套路大發展，對提高眾僧的

實戰技法起了巨大的作用。

武術在現實生活中的意義，一是用於健身，不強技擊作用；二是對外表演，給予人們一種美的享受。但對青少年和大多數習武者來說，主要是用於自衛。

具體說來，就是用過硬的武功，去制服那些損害國家利益，或攔路搶劫、危害婦女兒童或破門闖宅、劫人財物的歹徒。如平常只練花拳繡腿，一旦遇到歹徒就會無能為力，這就迫使練少林武術的人不得不苦練實戰本領。

俗話說：「練武不練功，到老一場空。」這個功字，不僅是指手足身眼步法的基本功，更重要的是指實戰功夫。

五、臥牛之地練拳腳

「臥牛之地練拳腳」，就是平常說的「拳打臥牛之地」。其意是說，練少林拳不受地方大小的限制，只要有臥下一頭牛的地方，就可以演練。地方再小，也可以發揮自己的威力。

宗師告訴我們，在臥牛之地上演練少林拳，地方雖小，但照樣可以演習進、退、轉各招，照樣可以出擊四面八方。

這就須步小，看起來向前進了，而實際未進，或看起來退了，而實際上未退。長期在這種狹窄的環境裡習武，雖然在客觀上受到場地小的限制，但若能練個八九成，一旦再到亮敞的場地去練，就能顯示出十二成的效果。

總之，在臥牛之地上練功，不僅可以增多習技之機會，而且還可陶冶情操、磨練意志，培養突圍能力，對付在重圍之中的四方來敵。

六、內外兼修　攻防技擊高

內外兼修，是說少林武術不僅練外，而且也練內，內外融為一體。

過去有人片面認為武當主內，少林主外，所以稱武當為內家，少林為外家，其實不然。少林拳的招招式式，都無不依賴精氣而壯力，以銳氣而崩勁，故說內外兼修有很高的攻防價值。

拳譜曰：

收腹氣在丹田沉，鼓肚氣從丹田發。
氣貫四梢一霎間，全身打人威力大。
拳打腳踢撞靠頂，均有丹田把氣發。
此乃內練一口氣，外練四肢筋骨皮。
內外兼修剛合柔，氣壯力雄即神把。

　　拳譜告訴我們，少林武術不僅練外，而且修內，亦稱內外兼修。

　　內練，主要是指運氣用氣，外練是指筋骨肉皮，也就是拳、腳、頭、臂、肘，甚至全身都可以打人。關鍵是內與外合。

　　「外」靠的是外部功夫，也就是拳、掌、臂打、頭撞、臂靠、肘頂、腳踢、膝跪等；「內」主要是指練氣、運氣、用氣。中醫認為，血為氣之母，氣為血之師，力靠氣來推，氣從丹田發。

　　如少林八段錦、易筋經、童子功和七十二藝等功夫，都是主張練內，即運氣和用氣，使全身精氣貫於擊人之矛，戳破敵人之盾。故而，少林武術是內外兼修，獨樹一幟。

第三章　習武備要

　　為了有利於習武，在穿著（包括護具）場地和營養方面都有一定的規範。祖先給我們留下了寶貴的經驗，在今天而言，還有很高的參考價值。

第一節　穿　著

　　穿著包括服裝、鞋、帽和腰帶。

　　習武者所穿的服裝、鞋、帽都有特殊性和適應性。如顏色、季節、男女和隨身材胖瘦、高低的不同，其穿著的製作自然也就多不相同。

一、服　裝

(一)服　裝

　　男的一般穿白色、黑色、藍色、棕色、黃色等。女的多穿紅色、粉紅色、綠色，亦有喜歡白色和黑色的。男與女也可根據自己的愛好選擇不

同的顏色。男與女，隨著年齡的變化，穿著的顏色自然也會改變。總之顏色的選擇是根據民族風俗和個人愛好相結合而決定，不是絕對的。

(二)冬季服裝

因為氣溫下降，天氣轉冷，在中原地區一般穿絨衣絨褲即可；東北和西北的個別地方有冷到-30℃者，則應加穿毛衣、毛褲才行；但在南方就不大相同了，可以酌情增減。

(三)夏季服裝

中原地區在 7 月份，一般氣溫高達 35℃，穿著自然要薄，有穿綢緞、輕紗之類者，也有赤臂光身者。但因有時男女同場習武，赤背多有不便，故不提倡。

(四)春秋服裝

中原地區，一般穿針織衣褲即可，如在寒帶和熱帶，可以酌情增減。

(五)服裝樣式

在一般訓練或演練時要求不嚴，只要自己感

覺舒適即可。若出外表演或參加比賽；則要求穿民族式服裝，或者由團體專門製作的統一服裝。女的多穿斜襟上衣，另附長褲，外套短裙。

二、練武鞋

現在一般都穿田徑鞋；要求鞋底厚而有彈力，舒適耐久。自己或團體製作布鞋時也要合乎這種特點和標準。女式布鞋，亦有在鞋的前部繡有彩色絨花者，其顏色也不同於男式。

三、腰　帶

分民族式和現代式兩種。民族式一般是以不同顏色的綢緞特製，長八尺至一丈，可織成同色或彩色圖案，兩頭帶穗和板式帶。市場售有用不同織品製成的鬆緊或扣掛鈎軟板帶。用時根據腰的粗細和使用範圍，應選擇不同的腰帶。

四、帽　子

因民族、風俗、氣候、時代、男女等不同情況，習武或比武時，有戴帽和不戴帽者。若戴帽，一般是以單層布粗線製，特別適於女性有長發辮、男性有長發辮和男女性留長髮者。民間亦

有頭裹方巾者。戴帽與不戴帽，古今武界均不強
求一致。

五、散打護具

散打基本同於過去所說的打擂。但是過去的
那打擂，擂臺上打死人是不償命的。隨著軍事科
學的發展，武術漸漸失去了它在軍事上的能力，
武術的功能自然也就只限於健身，最多是自衛而
已。國家把武術列入體育運動，作為一項鍛鍊身
體的活動是符合客觀要求的。為了促進這項體育
活動的發展和增強人民體質，每年都舉行武術散
打比賽。

為了雙方運動員在訓練和比賽中安全，特研
製了防護人體要害部位的護具。同時還研製了散
打專用的手套。

常用的有護頭、護襠、護腕、護膝、護肘、
護踝等。根據人體高低、胖瘦的不同，每種都有
大、中、小三種型號，供武術散打運動員選用。

用特製的手套和戴上護具，無論是訓練或是
參加比賽，一旦失手，也不至於發生嚴重傷害事
故。但雙方運動員必須嚴守規定的禁擊部位，以
免造成意外事故。

第二節　場　地

少林武術雖然具有「拳打臥牛之地」的特點，但不是說不喜歡大場面。從實踐的角度來說，場地越大越好，特別是練基本功，臥牛之地是不行的。如訓徒或演練對練技擊，就更需要大場地了。現將習拳場地的選擇條件分述如下，供讀者參考。

如果在院內練習，住宅以坐北向南為好，這樣易受陽光照射，場地亮堂，菌疫較少。

在院外練習，可選寬闊平坦、風景優美的草坪、花園等附近之平地。

練基本功中的翻跳、騰空動作時，必須在場地上鋪一塊大約 14 公尺×8 公尺的軟墊（武術套路競賽同用）。可用帆布（內裝麥草或棉花等軟物）自製，經濟條件好的可以買製成的墊子。條件達不到不能製作時，可選擇一塊平坦軟虛的場地，在騰翻、跳躍時的落腳點設置一個長 3 公尺、寬 2 公尺左右的沙坑，以免傷身。

演練散打時，應選擇 9 公尺×9 公尺的場地，或製鐵架木板擂臺，鋪上毯墊，方可交手或訓

練。近年來亦有用海綿製墊的，其效果甚佳，但價格高昂。

第三節　飲食與營養

中國醫學《靈樞‧決氣》篇曰：「上焦開發，宣五穀味，熏膚、充身、澤毛，若霧露之溉，是謂氣。……穀入氣滿，淖澤注入骨，骨屬屈伸。泄澤，補益腦髓，皮膚潤，是謂食物之源。」經脾胃的運化作用，才能生成人體生命所必需的營養物質——氣、血、津液等。這些營養物質維持著人體正常新陳代謝，從而使人體的氣血周流不息，生命不止。

生命的存在，才能使肢體發生運動。營養充足，身體即壯，手腳運動才有力。

武術運動是一項活動劇烈、消耗能量大的體育活動，需有規律地進食和加強營養，才能滿足臟腑功能和人體各組織能量的需要。

一、飲　食

飲食之水穀，是人在出生之後所需要的營養物質，也是生成氣血的物質基礎。而飲食水穀的

運化則由脾胃所主，所以古人有：「脾胃為後天之本」和「脾為氣血生化之源」之說。也就是說，人應注意脾胃的調養，合理飲食，使脾胃運化功能健全，氣血得以生化。

根據中國醫學「腎為先天之本」「脾為後天之本」的理論，少林寺僧結合自己的實踐經驗，歸納出養生的獨特見解，並編寫成《少林僧食譜》，為增進武士的健康體質和發展少林武術起促進作用。

本藥禪師曰：「五穀果菜食養源，草藥隨食四季參。飲食必須循規格，夫若守節壽百年。」

本藥禪師認為，飲食必須有規律，飲食的種類要多樣化，食物要新鮮，進食要定時定量，不可暴食及偏食、少食。應擬食譜，嚴格遵守，代代相傳，就可健體延壽。

本藥禪師又云：「少林寺僧日三餐，常進黃粥兩碗滿。戌饃四兩隨稀飯，陽夕雜麵菜半碗。早餐八分午餐飽，晚餐少量七分見。五穀雜糧勤調換，切勿丟米一粒半。三餐都需意集中，怒憂愁悲莫端碗。終年戒葷煙與酒，犯規火棍驅出院。」

此歌訣的意思是：少林寺僧，每日三餐，早

晨食八分飽，中午可以食十分飽，晚飯要少食些，只食七分飽就可以了。不許吃零食。進餐品種和花樣要多，要經常調劑，不許浪費一粒糧食。同時還指出吃飯時思想要集中，凡精神緊張和情緒激動時，不要進餐。又特別規定不准喝酒、吸煙和動葷，若犯者則趕出寺院。

上述寺僧的經驗告訴我們，飲食要有規律和規矩，即定時、定量，戒煙酒，飲食要多樣化，經常調劑，用餐時要精神愉快等，都與現代醫學家和養生學家的看法一致。所以習武者也應依此為規，嚴格遵守，防疾病，保健康，才能有勁練功。

二、營　養

除嚴格遵守飲食規矩，做到飯食有律、有節外，還要盡量選擇富有營養的食品，經科學的加工，根據習武者所處地區的不同和體格強弱的特點製定食譜，這樣才能夠保證每個武術運動員的體質健壯、精力充沛，才能生龍活虎地練好武術。現將人們生活中的常用主要主副食品的營養素含量製表附後，供讀者參考。

但必須注意，營養不能過剩，以免造成過

穀類蔬菜維生素、元素含量表（一）

食物名稱	蛋白質(克)	脂肪(克)	碳水化合物(克)	熱能(千卡)	胡蘿蔔素(克)	維生素A(國際單位)	硫胺素(毫克)	核黃素(毫克)	尼克酸(毫克)	抗壞血酸(毫克)	鈣(毫克)	磷(毫克)	鐵(毫克)	鉀(毫克)	鈉(毫克)	碘(毫克)
稻米（糙糙米）	8.3	2.5	74.2	353	0	/	0.34	0.07	2.5	0	14	285	……	172	1.7	1.4
稻米（秬一）	7.6	1.1	77.3	350	0	/	0.15	0.05	1.3	0	8	162	……	110	3.5	……
小麥粉	9.9	1.8	74.76	354	0	/	0.46	0.06	2.5	0	38	268	4.2	195	1.8	0.7
玉米麵（黃）	8.4	4.3	70.2	353	0.13	/	0.31	0.10	2.0	0	34	680	……	494	1.6	3.3
黃豆粉	40.0	19.2	28.3	446	0.48	/	0.94	0.30	2.5	0	437	64	13.0	1810	1.0	1.5
豆腐（南）	4.7	1.3	2.8	60	……	/	0.06	0.03	0.1	0	240	64	1.4	130	4.6	……
豆腐（北）	7.4	3.5	2.7	72	……	/	0.03	0.03	0.2	0	277	57	2.1	168	8.6	……
豆腐乾	19.2	6.7	6.7	164	……	/	0.05	0.05	0.1	0	117	204	4.6	160	835	……
粉條（乾粉絲）	0.3	0	84.0	339	·0	/	……	……	……	0	27	24	0.8	139	……	……
扁豆	1.5	0.2	4.7	27	0.24	/	0.08	0.12	0.6	9	44	39	1.1	286	5.5	……
豇豆（豆角）	2.4	0.2	4.7	30	0.89	/	0.09	0.08	1.0	19	53	63	1.0	200	43	……
豌豆（鮮）	7.2	0.3	12.0	80	0.15	/	0.54	0.08	2.8	14	13	90	0.8	425	3.6	……
馬鈴薯（土豆）	2.3	0.1	16.6	77	0.01	/	1.10	0.03	0.4	16	11	64	1.2	502	2.2	……
胡蘿蔔（黃）	0.6	0.3	7.6	35	3.62	/	0.02	0.05	0.3	13	32	30	0.6	217	66	……
紅蘿蔔（大蘿蔔）	0.8	0.1	6.6	80	0.01	/	0.02	0.03	0.8	19	61	28	0.7	280	58.0	……
紅蘿蔔（小）	0.9	0.2	3.8	21	0.01	/	0.03	0.03	0.4	27	23	24	0.6	165	89.1	……
水蘿蔔（小櫻桃）	1.0	0	5.7	27	0.01	/	0.01	0.03	0.3	34	44	40	0.5	231	61.3	……
小白菜（小白口）	1.1	0.2	2.1	15	0.01	/	0.02	0.04	0.3	20	61	37	0.5	199	70	9.8
大白菜（大青口）	2.1	0.4	2.3	21	2.95	/	0.03	0.08	0.6	60	163	48	1.8	274	92	1
油菜	2.6	0.4	2.0	22	3.15	/	0.08	0.11	0.9	51	140	30	1.4	346	66	1

穀類蔬菜維生素、元素含量表（二）

食物名稱	蛋白質(克)	脂肪(克)	碳水化合物(克)	熱能(千卡)	胡蘿蔔素(克)	訓酸素(毫克)	維生素A(國際單位)	核黃素(毫克)	尼克酸(毫克)	抗壞血酸(毫克)	鈣(毫克)	磷(毫克)	鐵(毫克)	鉀(毫克)	鈉(毫克)	鎂(毫克)
黑白菜(洋白菜)	1.1	0.2	3.4	20	0.02	0.04	/	0.04	0.3	38	32	24	0.3	200	4.5	8.8
菠菜	2.4	0.5	3.1	27	3.87	0.04	/	0.13	0.6	39	72	53	1.8	502	98.6	3.1
芹菜(莖)	2.2	0.3	1.9	19	0.11	0.03	/	0.04	0.3	6	160	61	85	163	328	
菜花	2.4	0.4	3.0	25	0.08	0.06	/	0.08	0.8	88	18	53	0.7	316	38.2	
金針菜(黃花菜)	14.1	0.4	60.1	300	3.44	0.36	/	0.14	4.1	0	463	173	16.5	380	430	
西葫蘆	0.7	0	2.4	12	0.01	0.02	/	0.02	0.3	1	22	6	0.2	122	1.4	
冬瓜	0.4	0.24		11	0.01	/	0.02	0.3	16	19	12	0.3	136	7.5		
黃瓜	0.6	0.2	1.6	11	0.13	0.04		0.04	0.3	6.0	19	29	0.3	234	14.0	
西瓜	1.2	0	4.2	22	0.17	0.02		0.02	0.2	3.0	6	10	0.2	124	2	
茄子	2.3	0.1	3.1	23	0.04	0.03		0.04	0.5	3.0	22.31	0.4	8.0	191		
番茄(西紅柿)	0.8	0.3	2.2	15	0.37	0.30		0.02	0.6	8.0	8	24	0.8	191	5.2	
柿子椒(青)	0.9	0.2	3.8	21	0.36	0.40		0.02	0.6	8.0	8	24	0.8	191	5.2	
酵母	47.6	1.7	37.6	356	0	6.56	/	3.56	45.2	1.0	106	1983	18.3	......	......	
木耳	10.6	0.2	65.5	306	0.03	0.15	/	0.55	2.7	......	357	201	185.0	773	......	
海帶	8.2	0.1	56.2	258	0.57	0.09	/	0.36	1.6	......	1.77	216	150.0	1503	......	
紫菜	28.2	0.2	48.5	309	1.23	0.44	/	2.07	5.1	1	343	457	33.2	1640	670.0	24000
豬肉(里青)	16.4	32.0	0	354	......		8700	0.16	16.21	6.0				284		
豬肝	21.3	4.5	1.4	131	/	0.40		2.11	16.21	8.0	11	270	25.0	230	20.0	
牛肉	20.1	10.2	0	172	/	0.07		0.15	6.0	......	7	170	0.9	378	......	
雞肉	21.5	2.5	0.7	111	/	0.03		0.09	8.0		11	190	1.5	340	12.0	

胖。現在人們生活水準日益提高，個別小運動員喜歡吃肥肉和甜食，喝大量飲料，日子久了使身體逐漸肥胖，不僅影響美觀，而且也影響訓練。

第四節　練功的時間與程序

少林歷代武僧和武林高手的實踐經驗證明，練功的時間和程序是一名武士能否成才的重要因素之一。如果練功的時間安排不當，不僅練不成過硬功夫，而且會影響練功情緒，甚至導致疾病。

一、練功時間

(一)早　晨

早晨宜練基本功。一般每天早晨 5 時起床，先進行素質鍛鍊，可長跑 15～30 分鐘，然後練基本功 1.5～2 小時，休息半小時後進早餐。

(二)上　午

學習武術理論。9～12 時學習拳術理論。

(三)下　午

學習武術套路。14:30～17:30 學習拳術套路（夏季可以在 15:30～18:30）。

(四)晚　上

復習全天學練的內容。晚飯後 1 小時，開始復習基本功，然後復習下午學習的武術套路，約 2 個小時。

二、練功程序

(一)基本功

初學者每天早上起床後，先進行素質鍛鍊，可先跑步 30 分鐘，然後學習基本功，如拔筋、壓腿、踢腿、裡合腿、外擺腿、二起腳、側空翻、旋子等。根據自己的實際水準，一一演練，直到全部熟練掌握。一般是每種動作連續做 3～5 次，最後再統做一次。

(二)武術套路

先練 1～3 遍基本功，然後再學習或演練武術

套路，中間可以休息 15～20 分鐘，一般練 2 小時左右。第一個套路練熟後，再學第二個套路，依次進行。一般習武者要學到 15～30 個套路。

(三)實用分析

在熟練掌握自己要學的套路後，可以請老師講授和個人推敲相結合，搞清楚套路中的每招每勢的攻防作用，要完全領會它的實用意義。

(四)組合自選套路

學完傳統套路之後，可以請老師根據個人基本功和體質特點，編排有實用意義和適於表演的特別套路，然後苦恆練習，逐漸提高技擊水準和表演能力（指美觀大方，引人入勝）。

(五)散　打

在上述幾個方面都已掌握後，結合武術理論的學習，不斷總結經驗，請師指正，發揚優點，糾正缺點，逐步轉入學練散打技術，提高實戰技擊水準，為上擂臺比賽奠定基礎。

(六)增學武術氣功

武術氣功，是學練各種武功絕技的基礎。只有合理貫入，與他方面密切配合，方能學好點穴擒拿等武術特殊功夫。

但學練中必須循序漸進，不可急於求成，否則易練傷身體，導致半途而廢。

第五節　識圖學武

以前學習武術的方法基本上是武術老師言傳身教，手把手地教徒習武。隨著科學的發展，教學方法也在革新，雖然現代已經發展到錄影電視教學授技，但武術圖解依然很普遍，因為它很容易接受，也有益於推廣，有益於自學習武。

現將常用的識別武術圖解的知識介紹如下，供初學武術者參考。

一、仔細觀察圖的畫面

武術圖的畫面是表示每個動作的姿勢，但大多都是定勢動作。有時畫的是分解動作，即一個招式。有的招式是一個招式就完成的，有的是幾

個招式組合而成的。所以有的招式是一個畫面，有的招式是幾個畫面；有時側面，有時背面，也有時是正面。為了使學者能夠看準、弄懂，一個招式可能畫幾個圖，供學者細看。

二、看動作路線

看清姿勢之後，必須知道上一招到下一招的手足身步是怎樣運動的，這就需要詳看圖解中每一個姿勢的動作路線。

在一般的武術姿勢圖解中都標有下一個動作的行動路線。路線有實線和虛線之別，一般說，實線是表明右側（右臂、右腿）動作路線，虛線表明左側（左臂、左腿）動作路線。不管實線或虛線，都有線頭（即箭頭）和線尾，線頭是動作的終點，線尾是動作的起點。有的圖書有圖例，注意參閱。

三、分析文字解釋

在一般的武術圖解文字說明中，大都首先寫明動作的方向，如向左或向右或向後，其次寫明轉身的度數，轉身一周是 360 度，轉身半周是 180 度，轉身一面是 90 度，身稍斜轉 45 度。然後寫

下肢腿或腳的動作，再寫手臂的動作，最後寫眼神及目視方向。也有在最後另加動作要點或動作要求的。

四、看圖自學步驟

看準、記清動作姿勢：詳細觀察武術動作畫的身體姿勢，明白身體各部位置。

詳審分解動作及身體各部的動作路線。

如果是器械，還要看清器械的運動路線。

詳讀文字說明，完全明白動作的過程和要領。

看圖學習武術可從下列兩方面著手：

一是可一手拿圖，邊看邊學，一招一招地往下進行，也可貼或掛在牆上或立架上邊看邊學。待全部學完後，合攏而成，反覆演練，直至熟練，再請高師給以指導糾正。

二是可以兩人一起學練，一人持圖，看圖指點，另一人演練。待全部明白動作路線和動作要領後再換人演練，最後請師指導糾正，直到完全符合圖解的要求為止。

第六節　武術套路演練合格的標準

　　練武者一生的成就不在於會練套路的多少，而在練得精還是不精。常言說：「不在會千招，只怕一招精。」有的武師學會了三十套或者多至五十套，但沒有一套練得像樣，也就是說全都不合格，此乃荒廢工夫。相反，有的武師一輩子只會練三至五套拳械，但套套精妙，招招喜人，可謂卓有功就，受人尊敬。

　　因此，練的套路多少並不太重要，重要的是要練得精、練得好、練得合格。

　　現將武術套路演練合格的鑒定標準簡述如下，供武術愛好者參考。

　　演練武術套路合乎規格的評定標準主要是：

　　第一，手型、步型和身法動作正確、合乎規格，路線清楚，走勢完整，著力點正確。

　　第二，勁力順達，發力完整，剛柔相濟。

　　第三，各部位協調，如上下相合，手眼相隨，身與步合，身與手合，手到眼到，運用自如。

　　第四，完成整個套路中始終保持精神飽滿，

意識集中。

　　另外，節奏鮮明多變，內容豐富全面，結構合理、緊湊，風格獨特、鮮明，布局均衡、合理等，也是鑒定套路的客觀而全面的標準。

　　這個鑒定標準也是裁判員對武術運動員參加競賽時的評分依據。

第四章　武德修養

　　武德，就是武術道德。具體說，就是習武人應具備的道德品質。武德從理論學的角度理解，它不僅是個人在武術道德規範方面的行為表現，而且也是體現社會武術組織或武術團體規範行為的尺度或者說標誌。

　　但衡量武術個人或武術團體武德的好壞、高低，主要表現在習武、用武、授武時其行為與國家利益、人民利益、他人利益的關係。

　　武術是我國勞動人民最喜歡最傳統的體育項目，距今有著數千年的歷史。人們在長期的實踐中總結出了完善的理論體系，尤其是武德。歷代各武術流派宗師都為自己的宗門制定了習武戒約或立有武德規範，為森嚴門戶和武規、促進和形成傳統的武術道德奠定了基礎。

　　金元時期的少林寺武教頭覺遠和尚為眾僧撰編了「習武十禁」，教弟子共同修練必行。

第一節　習武十禁

一禁叛師　二禁異思　三禁妄言　四禁浮藝
五禁盜劫　六禁狂鬥　七禁不孝　八禁抗詔　九
禁欺弱　十禁酒淫

「十禁」的內容主要是教育門徒要尊敬老
師，不可叛師；在師父的指導下專心練功，不可
敷衍了事、見異思遷，要立志成功；做任何事，
對待眾人，都要誠懇、忠實，不可說一句假話；
對武功要精益求精，追求上進，不可半途而廢；
在社會生活中要嚴守國法家規，不占別人便宜，
不做偷盜之事；對師父尊敬，團結師兄師弟，愛
護本門榮譽，關心本門利益，不做任何損害本門
的事；在寺院要尊重長老，在社會上要尊敬老
人，在家要孝順父母；在社會生活中要愛國，忠
於國家和集體，當國難當頭時，隨時聽從國家召
喚，響應國家號召，為保衛和建設國家而獻身，
絕對不能違抗國家的指令；在社會生活中要敬老
扶幼，愛護婦女，不要欺負年邁體弱者和婦女兒
童；要作風正派，同一切暴惡勢力和流氓作鬥
爭，嚴禁調戲婦女、強奸婦女，不飲酒，特別不

能去借酒鬧事。

上述十禁是古代習武者的武德規範，雖然不太全面、系統，但基本上列出了武士應該遵循的道德標準。

20世紀30年代的少林寺住持、著名武僧貞緒大和尚說道：「武德是武士之本。習武先修德，無德是白蚩。笑顏迎人欺，決不先打人。武藝衛國民，技懲暴歹人。持技行歹事，辜負先師心。」

第二節　少林戒約

民國年間某少林居士為少林弟子習武撰寫了「少林十戒」，雖然已經不適應今天武林在武德修養方面的全面要求，但在當時來說是有積極意義的，況且對現代武德修養還有一定的參考價值。

現將原「少林十戒」列出，供讀者參考。

（1）習此技術者，以強體魄為要旨，宜朝夕從事，不可隨意作輟。

（2）宜深體佛門悲憫之懷，從於技術精憫，自可備於自衛。切戒逞氣盛自私，有好勇鬥狠之舉。

（3）平日對待師長，宜敬謹行事，毋得有違抗及傲慢行為。

（4）對待齊輩和順溫良，誠信毋欺，不得恃強凌弱，任意妄為。

（5）於擊錫遊玩之時，如與俗家相遇，宜以忍辱救世為主旨，不可輕顯技術。

（6）凡屬少林師法，不可逞憤相較。但偶爾相遇，不知來歷，須先以左手作掌，向上擋至眉齊，如是同系，可以右手答之，則彼此相知，當互為援助，以示同道之誼。

（7）飲酒食肉，為佛門之大戒，宜謹慎遵守，不可違犯，理為酒能奪志、肉能傷神也。

（8）女色男風，更為佛門大戒，違者則遭天譴，實屬佛門不能所容。凡禪吾弟子，宜乘為尚戒勿忽。

（9）凡俗家子弟，不可輕以技術相授，以免貽害於世，違釋氏之本旨。如深知其人，性情純良，而又無強悍暴恨之行習者，始可略傳一二，經久考正派者可真傳衣鉢之術。

（10）戒持強鬥勝之心及貪得自誇之習。世之以此喪其身，而兼流毒於人者，不知凡機。蓋於技術之於人，此關係至為緊要。或炫於一時，

或務於得富室，因之生意外之波瀾，為佛門之敗類。貽蓋當世，取禍俄頃，是豈先師創立此術之意也乎？凡在學後，宜切記文。

第三節 新少林習武戒約

（1）熱愛祖國，忠於祖國，隨時響應祖國的號召，聽從國家召喚，為國家而獻出自己的一切。

（2）熱愛人民，全心全意、赤心耿耿地為人民服務，一切從群眾利益出發。

（3）尊老扶幼，保護婦女，樹天下長老者皆我父母、天下幼小者皆我子女、天下年齡同我者皆我兄弟的思想，為天下和睦、共同幸福而奮鬥。

（4）在公共場所遵法守紀，行為規範，見義勇為，為悍衛國家財產和保護人民利益而顯技。

（5）戒煙、盜、酒、女色、賭博等不良惡習。

（6）戒狂傲妄蠻等不良行為。

（7）戒授技於地痞、流氓和有犯罪記錄者。

（8）戒授技時敲詐和勒索他人。

（9）努力學習，刻苦練功，對武技精益求精，爭取在繼承的基礎上逐步提高，爭取有所創造、有所發明，為弘揚中華武術和少林功夫而作出卓越貢獻。

（10）相信科學，反對迷信，立足中國，放眼世界，努力為把武術推到全世界、推向奧運會及加強世界和平而努力奮鬥。

第五章　武術常用術語解釋

　　學好武術常用術語，可以加強對武術套路中動作、招式的理解，對於自學新套路有指導意義，特別是對了解武術套路中招招式式的攻防作用進而提高自身的攻防技能大有幫助。

　　現將常用的三百多個武術術語按筆畫排列分述於後，供讀者參考。

一、二　畫

　　1.二指禪　有說用中、食二指撐地，全身倒立，能維持一分鐘以上者。又有說用中、食二指擊打薄石塊或磚塊，指到石（或磚）立斷者稱二指開石功，也叫二指禪功。

　　2.二郎擔山　少林拳中的一個術語。弓步，前沖拳，後勾拳，兩臂成一直線，形似挑擔。

　　3.刁手　手腕由伸到屈，向內或向外刁捋，力達手指。

　　4.二龍戲珠　兩手成五花爪，同時向頭前上方抓擊，形似二龍戲珠。

5. **二堂拳** 達摩授法與慧可，慧可亦稱二祖，他創編的拳法套路稱二堂拳。

6. **二堂劍** 慧可創編的劍術稱二堂劍。

7. **二起單鞭** 先打二起腳，緊接著變成馬步側拳或弓步前後沖拳勢。

8. **十字手** 兩臂向上或向下交叉，使前臂交叉成叉形，稱十字手。

9. **丁步** 兩腿半蹲併攏，一腳全腳著地支撐，另一腳停在支撐腳內側相靠，腳尖點地。

10. **八字扣步** 上步落地時腳尖內扣，兩腳尖相對成八字，其他同行步。

11. **十字拳** 左拳由左向右打，然後右拳由右向左打，使兩臂繞成十字路線，此擊法稱十字拳。

12. **十字踩腳** 左腳向右踢，右腳向左踢，稱十字踩腳。

13. **八段錦** 是一種功法名稱。拳譜口訣是：

　　　　兩手托天利三焦，左右開弓如射雕。

　　　　調理脾胃運兩手，五勞七傷往後瞧。

　　　　摺拳怒目增力氣，背後起點諸病消。

　　　　提頭擺尾去心火，兩手盤膝固腎腰。

14. **八楞錘** 是一種古兵器，因錘頭有八方楞

面而得名。

15. **八步趕鑔** 手持月牙鑔，上一步，一撩鑔，左右各上四步，共八步、八撩鑔，故名八步趕鑔。

16. **力劈華山** 是「少林大斧」套路中的一個動作名稱。即兩手握斧把，箭步向前跳一大步，同時舉斧下劈。

二、三 畫

1. **上步推掌** 左腳向前上步，然後推掌向前。

2. **上步沖拳** 上步後立即向前沖拳。

3. **上步踩腳** 上一步打一踩腳。

4. **上步天星** 抬腳向前上一步，同時用頭撞擊對方頭面。

5. **上步連錘** 上左步打一捶，接著又打一捶。

6. **三推掌** 向前或左右連續推三次掌。

7. **三沖拳** 向前或左右連續沖三次拳。

8. **三撩手** 向前後或左右三次撩手。

9. **三轟手** 向前或左右三次崩手。

10. **三搖手** 向前或左右三次振手。

11. **三抓手** 向前或左右三次抓手。

12. **三壓手**　向前或左右三次壓住對方手。

13. **三扒手**　向前三次做由前往後扒的動作。

14. **三攔手**　向前或左右圈臂攔內。

15. **三甩手**　向後或向左右甩手。

16. **三扣手**　向前或左右扣住對方手指。

17. **三搖頭**　向左右連續擺頭，擊打對方頭面。

18. **大躍步前穿**　前跳，腳距須大於弓步，在空中挺胸抬頭，肢體伸展。

19. **弓步**　前腿全腳著地，屈膝前弓，膝部不得超過腳尖，另一腿自然伸直，腳尖內扣朝斜前方約45度，兩腳橫向距離10～20公分。

20. **上步**　一腿支撐，另一腿提起經支撐腿內側向前上步，腳跟先著地，隨著重心前移，全腳著地。

三、四　畫

1. **勾腿**　腳出擊後腳尖用力內屈，成鉤形。

2. **天王托塔**　出手托住對方來犯之招。

3. **反雲覆雨**　仰掌出去，反掌抓擊對方。

4. **天馬行空**　由低處躍步向高處襲擊對方。

5. **火神分金**　劍術中一動作名稱，即握劍下刺。

6. **火龍勢**　翻身大躍步前穿，然後以弓步架掌

定勢。

7. **勾手**　拳法中一種手形。五指內屈，指端扣攏在一起，形如鈎，亦名勾手。

8. **勾腳**　伸腿插入對方兩腿內，然後足尖內屈，形如鈎形。

9. **火箭穿心**　快速出拳沖擊對方胸部。

10. **天馬落地**　躍步，居高臨下，襲擊對方下盤部位，或以騰空動作落地後偷襲對方要害部位。

11. **天鵝下蛋**　運用高空動作偷襲對方下部。

12. **仆步**　一腿全蹲，大腿和小腿折疊，使臀部接近小腿，全腳著地，膝與腳尖稍外展；另一腿平鋪接近地面，全腳著地，腳尖內扣。

13. **反沖拳**　臂內旋，拳眼斜朝下，經耳旁向斜前方打出，高與頭平。

14. **分腳**　支撐腿微屈，另一腿屈膝提起，然後小腿上擺，腿自然伸直，腳面展平，腳不低於腰部。

15. **切掌**　俯掌沿另一臂下方向前切出，力達掌外沿。

16. **切橋**　前臂向前下方切。

17. **勾踢**　支撐腿微屈，另一腿腳尖勾起，腳跟擦地向前踢出，高不過膝，力達腳尖。

18. **扎刀** 刀刃朝下、朝上或朝左，刀尖向前直刺為扎。力達刀尖，臂與刀成一直線。平扎刀時刀尖高與肩平，上扎刀時刀尖高與頭平，下扎刀時刀尖高與膝平。

19. **扎槍** 持槍與地面平行，必須使槍直出，勁達於槍尖，使槍顫動，後手必須觸及前手。平槍必須成水平；上槍高不過頭，低不過肩；下槍高不過膝，低不觸地；上平槍槍杆高與胸齊；中平槍槍杆在胸腰之間；下平槍槍杆與腰相齊；低平槍離地 20 公分左右。

20. **五花坐山** 左右手各向反向掄劈，然後以馬步定勢，左手架頭上左側，右手放膝蓋上。

21. **五子登科** 先打右踩腳，再打左踩腳，然後右手打左腳跟，轉身再打右腳，最後打右二起腳。

四、五 畫

1. **白雲蓋頂** 用手掌護頭或襲擊對方頭部。
2. **白猿上樹** 由低處向高位進攻對方。
3. **白猿出洞** 沉頭和軀幹，以低勢進攻對方。
4. **白蛇吐芯** 用手掌搶擊對方頭面咽部。
5. **白馬分鬃** 用兩手隔擋對方或進攻對方。

6. **白熊撲面**　用手去抓擊對方面部。

7. **白鶴亮翅**　兩臂側平舉。

8. **白虎攔路**　躍步攔住對方進攻。

9. **白猿獻果**　用兩手向前搶擊對方面部或咽部。

10. **白猿偷桃**　用手偷襲對方頭部。

11. **半馬步**　前腿稍屈，腳尖微內扣，後腿下蹲，大腿略高於水平，腳尖向外，兩腳距離同馬步，體重略偏於後腿。

12. **正踢腿**　支撐腿伸直，全腳著地，另一腿膝部提直，腳尖勾起前踢，接近前額。動作要輕快有力，上身保持正直。

13. **仙女下凡**　由高地勢躍步落到低勢地位偷襲對方要害部位。

14. **仙女散花**　用棍掄劈對方，而且反覆劈打，再施舞花。

15. **仙人指路**　劍術中的一個動作名稱。右手持劍，向前下方斜刺。

16. **平心炮**　弓步向前沖拳，襲擊對方腹部。

17. **打虎靠山**　躍步向前拳擊對方，然後退步變為右虛步，左拳架於頭上左側，目視對方。

18. **左右沖拳**　先沖左拳，然後又速沖右拳。

19.**左右推掌**　先推左掌，然後又速推右掌。

20.**四門拳**　先向前沖拳，然後向左右沖拳，最後跳步轉身向後沖拳。實際是向四面沖拳。

21.**四兩撥千斤**　武術氣功的一個術語。即用四兩之氣，產生千斤之力，去襲擊對方。

22.**四門炮拳**　跳步轉身向四面擊響拳。但每擊一拳都有兩手合擊動作（一拳一掌合擊響亮）。

23.**玉女拉網**　躍步向前抓打對方要害部位，擒住對方手臂或衣服向自己一方拉。

24.**四平拳**　是握拳的一種姿勢。即食、中、無名、小四指內屈，扣住掌心，拇指內屈，壓在食、中二指之間，使掌指兩面和掌心、掌背共四方平形。

25.**外擺腿**　一腿支撐立地，一腿由裡向外做擺腿動作。

26.**平分掌**　兩掌屈臂交叉於胸前，兩臂內旋經面前弧形向左、右分開，兩掌高與耳平，兩掌朝外，掌指朝上。

27.**立雲掌**　兩掌在體前上下交替呈立圓運轉。

28.**平拳**　五指捲屈握緊，拳面要平，拇指壓於食指、中指第二指節上，任何指骨都不得凸出拳面。

五、六　畫

1.**老虎張嘴**　弓步左架掌，右掌放膝上，形似張口。

2.**老婆拐線**　九節鞭中一個動作名稱，即舞鞭纏肘。

3.**老牛耕地**　彎腰，躍步向前，用頭部撞擊對方胸腹部。

4.**老虎出洞**　由低勢突然跳出去沖擊對方要害部位。

5.**老僧彈塵**　出五花爪向左、向右抓打對方要害部位。

6.**老虎坐凳**　兩腿形成馬步後向下砸拳。

7.**行步**　兩腿微屈，行步平穩，步幅均勻，重心不得起伏，不允許騰空。

8.**伏地後掃**　上身前俯，兩手推地，支撐腿全蹲作軸，掃轉腿伸直，腳尖內扣，腳掌擦地，迅速後掃一周。

9.**扣腿平衡**　支撐腿屈膝半蹲，另一腿屈膝，腳尖勾起並緊扣於支撐腿的膝後。

10.**仰身平衡**　支撐腿直立站穩，上體後仰接近水平，另一腿伸直平舉於體前，高於水平，腳

面繃平··。

11. **扣步** 一腿支撐，另一腿提起，小腿內旋，腳跟先著地，腳尖內扣而後全腳著地。

12. **伏掌** 屈臂由外向裡旋，用掌心下按。

六、七　畫

1. **抄拳** 臂微屈，拳自下向前上方抄起擊打，高不過頭，拳背向前，力達拳面。

2. **坐盤** 兩腿交叉疊攏下坐，臀部和後腿的大小腿外側及腳面均著地，前腿的大腿靠近胸部。

3. **羌子拳** 食指、中指、無名指和小指併緊，四指的第二節和第三節指骨緊屈，拇指向內彎曲。

4. **拋拳** 拳自下向上呈環形運動，臂微屈，力達拳眼。

5. **拋槍** 槍向前、向上脫手拋出。拋槍立圓不得超過半周。

6. **沉橋** 屈肘使前臂由上向下挫。

7. **沖拳** 拳從腰間旋臂向前快速出擊，力達拳面。側沖、上沖要求相同，惟方向不同。

七、八　畫

1. **拍掌**　俯掌直腕下拍，快速有力，力達掌心。

2. **虎爪**　五指用力張開，第二、三節指骨彎曲，第一節指骨盡量向手背的一面伸張，使掌心凸出。

3. **抹掌**　俯掌沿另一臂上方向前柔勁抹出，力達掌外沿。

4. **拐步**　兩腿前後交叉，前腿屈膝下蹲，腳尖外展擺步；後腿跪地使膝部接近地面（不得貼地），小腿與地面成水平，腳跟離地，腳尖與擺步的腳跟成直線。

5. **虎尾腿**　後蹬腿的腳尖勾起，腳跟用力向後由屈到伸猛力蹬出。蹬出後膝部挺直，腳尖朝下，腳高於胯，支撐腿挺膝伸直，兩手扶地。

6. **抽掌**　掌心向上，掌由前向後抽回。

7. **拍掌**　俯掌由上向下拍擊，力達掌心。

8. **抹刀**　刀刃朝左（右），由前向左（右）弧形抽回為抹，高度在胸腹之間，力達刀刃。旋轉抹刀要求旋轉一周或一周以上。

9. **抱刀**　刀柄朝前，兩手相交，刀背貼於左

臂，向前平舉為平抱刀；左手持刀，左臂下垂，刀尖朝上，刀背貼臂為立抱刀。

10. **抹劍**　平劍，由前向左（右）弧形抽回為抹，高度在胸腹之間，力達劍身。旋轉抹劍要求旋轉一周或一周以上。

11. **抱劍**　右手抱劍於胸前，劍尖朝右為橫抱劍，劍尖朝上為立抱劍，劍尖朝前為平抱劍。

12. **拉槍**　槍向身後下伸的斜度不要太大，槍尖不可觸及地面，槍杆要貼身，拉的動作不能過大。

13. **拄地棍**　以棍把柱地支撐做各種動作。

14. **併步沖拳**　兩腳並齊站立，左拳或右拳向前沖擊。

15. **併步推掌**　兩腳並齊站立，一掌或兩掌向前或向左右推出。

八、九　畫

1. **退步**　一腿支撐，另一腿經支撐腿內側退一步，前腳掌先著地，隨著重心後移，全腳著地。

2. **挑掌**　臂由下向上翹腕立掌上挑，力達四指。

3. **砍掌** 仰掌向左、俯掌向右擊打，力達掌外沿。

4. **亮掌** 臂微屈，抖腕翻掌，舉於體側或頭上。

5. **按掌** 自上向下按，手心向下，力達掌心。

6. **架肘、裡格、外格** 屈臂內旋上舉，手心向外為架肘；前臂上屈，手心向裡，力在前臂，向體內橫撥為裡格；向外橫撥為外格。

7. **前提膝平衡** 支撐腿直立站穩，上體正直，另一腿在體前屈膝高提近胸，小腿斜垂裡扣，腳面繃平內收。

8. **持久性平衡** 一腳站立，保持靜止狀態，站立的時間必須達到 2 秒鐘。

9. **架掌** 手臂內旋，掌自下向前上架至頭側上方，臂呈弧形，掌心朝外，掌高過頭。

10. **炮拳** 一拳拳心向裡，屈臂垂肘，向前內旋並斜向外撥，手心翻向外，拳高過頭；同時另一拳內旋向前或向斜前方沖出，虎口向上，高與肋平。順肩垂肘，力達拳面，手臂微屈。

11. **前點步** 後腿自然伸直，前腿微屈，前腳掌虛點地面，兩腳相距約一腳長。

12. **風掃落葉** 速出腿掃擊對方兩腿或下盤部

位。

13. **風掃殘雲** 上成弓步，速出拳或掌向前劈擊對方肩部，或躍步向前襲擊對方頭面部。

14. **直身前掃** 上身正直，支撐腿屈膝全蹲作軸，掃轉腿伸直，腳尖內扣，腳掌擦地，迅速掃轉一周以上。

15. **後撩腿** 支撐腿伸直，上身前俯，抬頭挺胸，另一腿腳跟用力向後上方撩踢。

16. **砍刀** 刀向右下方或左下方斜劈為砍。

17. **按刀** 左手附於刀背或右腕，刀刃朝下，平向下按。高與腰平為平按刀，接近地面為低按刀。

18. **背刀** 右臂上舉，刀背貼靠右臂和後背右側為背後背刀；右臂側平舉，刀背順貼於右臂為肩背刀。

19. **架刀** 刀刃朝上，由下橫向上為架，刀高過頭，力達刀身，手心朝裡或朝外。

20. **挑刀** 刀背由下向上挑，力達刀尖。臂與刀成一直線。

21. **挑劍** 立劍，由下向上為挑，力達劍尖，臂與劍成一直線。

22. **架劍** 立劍，橫向上為架，劍高過頭。力

達劍身，手心朝裡或朝外。

23.**背槍** 槍身與身體貼緊，背穩。

24.**持槍** 右手以拇指與食指卡握槍身，使槍直立於身體右側。

25.**挑把** 槍把由下向上挑，力達把端。

26.**背棍** 一手或兩手握棍端，將棍置於肩上，棍身不得搖擺。

27.**架棍** 棍身橫平或傾斜，由下向頭上舉起。

28.**挑棍** 兩手握棍，棍的一端由下向上方挑起。動作要快，力達上挑的一端。

29.**穿掌** 掌心向上，臂由屈到伸，沿身體某一部位穿出，力達指尖。

30.**穿橋** 一臂從另一臂的下面向前穿出。

31.**穿劍** 平劍，劍尖經胸腹間弧形向前為平穿劍，力達劍尖，劍身不得觸及身體。前臂內旋，立劍劍尖由前向後轉動而出為後穿，力達劍尖，高不過膝，低不觸地。掄穿時劍尖向後、向左隨轉體貼身立圓繞環一周。

32.**穿梭槍** 槍貼喉或腰部向一側直線穿出，槍身要平，動作快速連貫。穿喉槍高不過口，低不過胸；穿腰槍高與腰平。

33.**穿梭棍** 棍貼喉或腰部向一側直線穿出，棍

身要平，動作要快速連貫。穿喉棍高不過口，低不過胸；穿腰棍高與腰平。

九、十　畫

1.**栽拳**　臂由屈到伸，自上向下或向前下栽。速度要快，臂要伸直，要力達拳面。

2.**砸拳**　臂上舉，而後屈臂下砸，拳心向上，力達拳背。

3.**倒踢腿**　支撐腿伸直，上身後仰，另一腿腳面繃平，膝部稍屈向後倒踢，腳掌接近頭與上身結成環形。

4.**栽碑**　身體挺直前倒，兩臂屈肘握拳舉於胸前，倒地時身體平直，兩腿併攏，以兩前臂或兩掌著地。

5.**釘拳**　屈肘，拳由上向下，用力短促，力達拳面。

6.**馬步**　兩腳左右開立，寬度約為腳長的三倍，腳尖正對前方，屈膝半蹲，大腿接近水平。

7.**烏龍鑽洞**　用腳擊踢對方的陰部。

8.**烏龍絞柱**　肩、頸著地，腰腿豎直，兩腿在空中相絞，幅度要大，動作要輕快敏捷。

9.**韋馱獻杵**　兩臂側展，使其平行如杵，故名

獻杵。

10.**連環掃**　是伏地半前掃和伏地半後掃的結合動作。掃轉腿的腳掌著地，旋轉要快。

11.**格刀**　刀尖朝下，刀刃朝外，向左、右擺動格擋為格刀。旋轉格刀要求旋轉一周或一周以上。

十、十一畫

1.**推掌**　掌由腰間旋臂向前立掌推擊，速度要快，臂要直，力達掌外沿。

2.**頂肘**　屈肘握拳，手心向下，肘尖前頂或側頂，力達肘尖。

3.**虛步**　後腳斜向前，屈膝半蹲，大腿接近水平，全腳著地，前腿微屈，腳面繃緊，腳尖虛點地面。

4.**斜踢腿**　腳尖勾起，踢近異側耳部，其他同正踢腿。

5.**斜拍腳**　同單拍腳，惟用異側手迎拍腳面。

6.**側踢腿**　腳尖勾起，經體側踢向頭後。

7.**側身平衡**　支撐腿直立站穩，上體側倒成水平，另一腿伸直平舉體側，亦成水平，腳面繃平，腳尖勾起。

8. **探海平衡** 支撐腿直立站穩，上體前俯略低於水平，挺胸抬頭，後舉腿伸直，高於水平，腳面繃平。

9. **望月平衡** 支撐腿直立站穩，上體側傾擰腰向支撐腿同側方上翻，挺胸塌腰；另一腿在身後向支撐腿的同側上方上舉，小腿屈收，腳面繃平，腳底朝上。

10. **旋風腳** 擺動腿直擺或屈膝，起跳腿伸直，騰空轉體 270 度，異側手擊拍腳掌，腿高過肩，擊拍響亮，轉體 360 度落地。

11. **旋子** 一腿擺起，另一腿起跳騰空，兩腿伸直後上舉在空中平旋，腳面繃平，挺胸、塌腰、抬頭，旋轉一周後落地。

12. **斜分掌** 兩手交叉或相抱，斜向上下或前後分開。

13. **捲心拳** 五指捲屈握緊，拇指壓於食指和中指的第二指節上，拳面要平。

14. **圈橋** 直臂立圓繞圈，圈不要過大。

15. **剪掃** 兩手扶地，軀幹側臥，兩腿交叉相剪。

16. **崩拳** 崩拳經腰側直向前旋轉沖出，虎口向上，高與肋平；順肩垂肘，上臂微斜，前臂平

少林
武術理論

直，肘微屈，力達拳面。

17. **掖掌**　掌心向後下，沿肋向側下方掖出，高與髖平，沉肩塌腕，臂微屈，力達掌根。

18. **探掌**　仰掌經胸前或口前向前迅速探伸，臂微屈，力達指尖。

19. **剪腕花**　以腕為軸，刀在臂兩側向前下貼身立圓繞環，刃背分明。

20. **崩刀**　沉腕，刀尖猛向前上崩，力達刀尖。

21. **推刀**　刀尖朝下，刀刃朝前，左手附於刀背前部向前推出為立推刀；刀尖朝左為平推刀。

22. **掛刀**　刀尖由前向上、向後或向下、向右為掛，力達刀背前部。上掛刀，向上、向後貼身掛出；下掛刀，向下、向後貼身掛出；掄掛刀，貼身立圓掛一周。

23. **斬刀**　刀刃朝左（右），向左（右）橫砍，高度在頭與肩之間，力達刀刃，臂伸直。

24. **斬劍**　平劍向左（右）橫出，高度在頭與肩之間為斬，力達劍身，臂伸直。

25. **掛劍**　立劍，劍尖由前向上、向後或向下、向後為掛，力達劍身前部。上掛向上、向後貼身掛出，下掛向下、向後貼身掛出，掄掛貼身立圓掛一周。

26. **帶劍**　平劍或立劍由前向側後或側後上方抽回為帶，力達劍身。

27. **崩劍**　立劍，沉腕使劍尖猛向前上為崩。力達劍尖，臂伸直，劍尖高不過頭。

28. **掃劍**　平劍向左（右）橫出，與踝關節同高為掃，力達劍身。旋轉掃劍要求旋轉一周或一周以上。

29. **掃槍**　槍接近地面平擺，不可觸地，動作要快。

30. **崩槍**　槍尖向上或向左右短促用力崩彈，力達槍尖，使槍杆顫動。上崩槍槍尖高不過頭；平崩槍槍尖高不過胸，低不過腰；下崩槍槍尖高不過膝，低不觸地。

31. **帶槍**　槍走直線，槍杆貼身，槍尖保持在身體的寬度內。

32. **掄劈槍**　掄槍要成立圓，速度要快，掄轉的動作要連貫協調。

33. **掄槍**　槍向左或向右平掄，要迅速有力，力達槍前端。平掄不得超過一周，加轉身不得超過兩周。

34. **掄棍**　棍梢在胸部以上向左或向右平掄半周以上，要迅猛有力，力達棍前端。

35. **掃棍**　棍梢在腰部以下平擺，或以棍梢貼地、棍身傾斜掄擺，要求迅猛有力，力達棍前端。

36. **推棍**　兩手開握，棍身成水平或直立。向體前或體側推出，臂伸直。

37. **崩棍**　棍梢向上或向左右短促用力，力達棍梢。

十一、十二畫

1. **雲頂**　用一手或兩手在頭上畫弧。

2. **雲遮日月**　居高臨下襲擊對方，或用手襲擊對方頭臉部。

3. **插步**　一腳經另一腳後橫邁一步，兩腿交叉。

4. **裡合腿**　支撐腿自然伸直，全腳著地，另一腿從體側踢起經面前向裡做扇面擺動落下。其他同正踢腿。

5. **裡合拍腳**　一腿做裡合腿動作，腳掌內扣，異側手在額前擊拍腳掌，要準確響亮。

6. **單拍腳**　支撐腿伸直，另一腿腳面繃平向上踢擺，同側手在額前迎拍腳面，擊拍要準確響亮。

7. **跌叉**　兩腿在空中成豎叉向地面跌下，落

地時腿、臀要同時著地，兩腿保持直線。

8. **朝天蹬**　支撐腿直立站穩，另一腿用手經體側上托，腳尖勾起，腳底朝上，高與頭平。

9. **開山斧**　古兵器大斧的名稱。或用力下劈。

10. **開山拳**　拳術名稱。或出手第一拳。

11. **開弓射雕**　右手向前抓，然後屈肘握拳，左拳向前沖擊，形似拉弓射箭。

12. **貫拳**　拳從側下方向斜上方弧形橫擊，臂微屈，拳眼斜向下，力達拳面。

13. **雲掌**　掌心朝上，在體前或體側呈平圓運轉。

14. **插掌**　一手自上向前弧形下插，臂自然伸直，掌指朝斜前下方。

15. **單推掌**　臂內旋，立掌經耳旁向前推出，掌指高不過眼，力達掌根。

16. **單蝶步**　一腿屈膝下蹲，另一腿跪地並以小腿內則貼地。

17. **雲刀**　刀在頭頂或頭前上方平圓繞環為雲。雲刀時頭要後仰，或向左肩側倒。

18. **雲劍**　平劍，在頭頂或頭前上方平圓繞環為雲。上雲劍在頭頂由前向左後繞環，要仰頭。左

右雲劍在頭前上方向左（右）後繞環，頭向左肩側倒。

19. 提劍　劍尖垂直朝下為倒提劍，前臂內旋，虎口朝下；立劍由下向右上方貼身弧形提起為右上提劍，高與肩平，劍尖斜朝下；左上提劍時前臂外旋，手心朝上，向左上提起，其餘同右上提劍。

20. 絞劍　平劍，劍尖向左（右）小立圓繞環為絞。力達劍身前部，肘微屈。

21. 絞棍　棍梢或棍把向內或向外繞立圓，動作快速柔和。力達梢端或把端，立圓不要太大。

22. 雲棍　棍在頭前上方或上方向左（右）平圓繞環，快速有力，力達棍前端。

23. 提撩舞花　先撩棍，再將棍連續向左右成立圓舞動。要求快速連貫，不得觸及身體。

十二、十三畫

1. 歇步　兩腿交叉屈膝全蹲，前腳全腳著地，腳尖外展；後腳腳跟離地，臀部坐於小腿上，接近腳跟。

2. 搶背　一腳起跳騰空前躍，上身捲屈，肩、背、腰、臀依次著地翻滾，輕快圓活，起身迅

速。

3.**鳳凰展翅** 兩手向兩側同時出擊。

4.**鳳眼拳** 除食指的第一節指骨結凸出拳面外，其餘四指緊握，拇指的第二節指骨壓牢食指的第三節指骨。

5.**搬拳** 屈臂俯拳，自異側而上，以肘關節為軸前臂翻至體前或體側，手臂呈弧形。

6.**跟步** 重心前移，後腳向前跟進半步，前腳掌先著地，隨著重心後移，逐漸全腳著地。

7.**跪步** 一腿屈膝下蹲，另一腿跪地使膝部接近地面（不得貼地），腳跟離地，前腳掌著地，臀部坐於跪地腿的小腿上面。

8.**跳躍雙虎尾腿** 跳起後，兩手在身前扶地，兩腿後蹬伸直併攏，高度超過水平部位。

十三、十四畫

1.**摟手** 手心向下，向斜外側劃弧，力達掌外沿。

2.**摟掌** 掌自異側經體前弧形下摟至膝外側，掌心朝下，掌指朝前。

3.**蓋步** 一腳經另一腳前橫邁一步，兩腿交叉。

少林武術理論

4. **蓋拳**　拳自上向下呈環形運動，臂微屈，力達拳面。

5. **撇拳**　一手握拳屈臂，拳心朝下，自異側向前上方翻臂撇打，拳心朝上，臂呈弧形。

6. **滾壓肘**　前臂外旋向前下滾壓至體前，力達前臂外側。

7. **滾橋**　前臂向前下伸出，同時向內滾轉。

8. **截橋**　臂微屈，前臂外旋或內旋，向前上或前下阻攔。

9. **裹腦刀**　刀尖下垂，刀背沿右肩貼背繞過左肩，頭部正直。

10. **截劍**　劍身斜向上或斜向下為截，力達劍身前部。上截劍斜向上；下截劍斜向下；後截劍斜向後下方，臂與劍成一直線。

11. **摔槍**　槍杆平摔落地，要快速有力。

12. **舞花槍**　槍尖向左下、左後、上再向右下、右後、上周而復始地劃動。

13. **舞花棍**　棍要貼近身體，速度要快。

14. **蓋棍**　兩手開握，棍身平，一手滑握使棍的一端由上向另一側下蓋，棍身仍成水平，動作要快速有力。

十四、十五畫

1.**劈拳**　拳自上向下快速劈擊，臂伸直，力達拳輪。掄臂時臂要掄成立圓劈擊。

2.**撩拳**　拳自下向前上方成弧形直臂撩擊，力達拳眼或拳心；反撩拳，力達拳輪或拳背、拳心。

3.**撩掌**　手心向上，下臂向前撩出，速度要快，力達掌心。

4.**劈掌**　由上向下側掌劈擊，直臂，力達掌外沿。

5.**橫叉**　兩腿伸直，左右劈開成直線，臀部和兩腿內側貼地。

6.**碾步**　以腳跟為軸，腳尖外撇或內扣，或以前腳掌為軸，腳跟外展。

7.**撞拳**　肘屈或微屈，肌肉緊張，短促用力向前撞出，力達拳面。

8.**撞肘**　握拳屈肘，用肘尖頂擊，力達肘尖。

9.**盤肘**　手臂平舉，拳心向下，前臂由外向內屈為盤肘。

10.**撐掌**　掌心由上向下用力壓撐，力點在掌根或掌外沿，掌指可併攏也可微張開。

11.**撲掌**　雙掌同時由下經胸前向下撲。

12.**撲地蹦**　兩腿併攏，兩肘夾緊，身體挺直，平起平落，輕快連續。

13.**標掌**　臂部肌肉緊張，短促用力前伸，力達掌尖。

14.**標指**　單指或雙指由慢漸快向前或向側推出。

15.**橫釘腿**　橫釘腿腳尖勾起，用力從側方向前由屈到伸猛力橫釘。釘出後膝部伸直，腳與胯同高；支撐腿稍屈，站立要穩。目視橫釘腳。

16.**彈腿**　支撐腿直立或稍屈，另一腿由屈到伸向前彈出，高不過腰，膝部挺直，腳面繃平，小腿彈出脆快有力，力達腳尖。

17.**盤腿平衡**　支撐腿屈膝半蹲，另一腿屈膝，踝關節盤放在支撐腿的大腿上。

18.**盤腿跌**　騰空過腰，在空中成側臥，落地時下面腿的外側與兩掌同時著地。

19.**橫拳**　拳沿前臂下經異側斜前方向同側斜前方弧形伸出，同時前臂外旋，拳心由下轉向上，高與胸平，順肩垂肘，臂微屈，力達拳面及前臂。

20.**盤橋**　屈臂或臂微屈立圓繞圈，高不過頭，

低不過襠。

21.**撣掌**　上臂上舉，前臂放鬆，突然抖腕甩掌向前撣出，掌心向上，高與肩平，力達掌背。

22.**劈刀**　刀由上向下為劈，力達刀刃，臂與刀成一直線。掄劈刀沿身體右側或左側掄一立圓，後掄劈要求與轉體協調一致。

23.**撩刀**　刀刃由下向前上為撩，力達刀刃前部。正撩刀時前臂外旋，手心朝上，刀沿身體右側貼身弧形撩出；反撩刀時前臂內旋，刀沿身體左側撩出，餘同正撩刀。

24.**撩腕花**　以腕為軸，刀在臂兩側向前上貼身立圓繞環，刃背分明。

25.**撩劍**　立劍，由下向前上方為撩，力達劍身前部。正撩劍時前臂外旋，手心朝上，貼身弧形撩出；反撩劍時前臂內旋，餘同正撩劍。

26.**劈槍**　雙手握槍，由上而下，用力快猛，力達槍尖，動作要連貫協調。

27.**撲槍**　槍身接近地面，但不觸及地面。

28.**撥槍**　槍身左右撥動，用力要輕快平穩，幅度不要過大。上撥槍槍尖稍高過頭部；平撥槍槍尖高不過胸，低不過腰；下撥槍槍尖高不過膝，低不觸地。

29. **劈把**　槍把由上向下劈，用力迅猛，力達把端。

30. **撥棍**　棍梢斜向前上方左右撥動，用力輕快平穩，幅度不要太大。

31. **撩棍**　棍沿身體左側或右側劃立圓向前或向後撩出，速度要快，力達棍前端。

32. **劈棍**　棍由上向下劈出，迅猛有力，力達棍前端。

十五、十六畫

1. **擔肘**　屈臂，肘由下向上抬，力達肘尖。

2. **豎叉**　兩腿伸直，前後劈開成直線，臀部和兩腿貼地。

3. **燕式平衡**　支撐腿直立站穩，上體前俯略高於頭，挺胸展腹；另一腿後舉腿伸直，高於髖，腳面繃平。

4. **獨立步**　一腿自然直立，另一腿屈膝提起，大腿高於水平。一種是小腿自然下垂，腳尖斜朝前；另一種是膝外展，腳尖內扣上翹。

5. **磨脛步**　一腳前進一步或半步，後腳隨之提收於支撐腳內側踝關節處，腳掌與地面平行，兩腳尖向前，兩腿微屈。

6.**磨肋掌** 臂內旋，掌心向外，沿肋向身後伸出。

7.**踹腿** 支撐腿直立或稍屈，另一腿由屈到伸，腳尖勾起內扣或外擺，腳底猛力踹出。高踹與腰平，低踹與膝平，側踹時上身斜傾。

8.**錯刀** 手心朝上，刀刃朝前，刀尖朝右前方，平向後稍壓再向前推出為正錯刀；手心朝下，刀尖朝左前方為反錯刀。

十六、十七畫

1.**擊步** 後腳擊碰前腳騰空落地。

2.**龍爪** 五指稍張開，第二、三節指骨彎曲，腕關節稍向上屈。

3.**壓肘** 屈臂，抬肘經胸前向異側反臂下壓，力達肘尖。

4.**縱步** 一腳提起，另一腳蹬地前跳落地。

5.**點腿①** 支撐腿挺直站穩，另一腿由屈到伸向前點出，腳面繃平，力達腳尖。點出之腳高與胸平，上身後仰。側點時高過腰部，上體側傾。

6.**點腿②** 前點同彈腿，惟小腿向前伸出快速有力，力達腳尖，高與胸平；側點同側踹，惟腳面繃平，力達腳尖，高與頭平。

7. **點刀**　提腕，刀尖猛向前下點，力達刀尖。

8. **點劍**　立劍，提腕，使劍尖猛向前下為點。力達劍尖，臂伸直。

9. **點槍**　槍尖由上向下短促用力，力達於槍尖。上點槍高不過頭，低不過肩；平點槍高不過肩，低不過胯；下點槍高不過膝，低不著地。

10. **縮槍**　兩手接近槍纓處，後縮動作要快。

11. **點棍**　棍梢向下短促用力，力達棍梢。

十七、十八畫以上

1. **雙沖拳**　左右兩拳同時向前沖擊。

2. **雙手推窗**　用兩手同時推擊對方。

3. **雙手排月**　同雙手推窗。

4. **雙風貫耳**　出兩拳擊打對方頭部。

5. **雙龍出海**　出兩手躍步向前襲擊對方頭面部。

6. **雙指**　除食指和中指伸直外，其餘三指彎曲，拇指壓在無名指和小指上。

7. **雙蝶步**　兩膝靠攏，大小腿的內側均須貼地。

8. **關公背刀**　古兵器大刀術中的一個動作名稱。即背刀勢，右手握刀背於身後，刀尖向下。

9. **擺蓮拍腳** 一腳做外擺腿動作，兩手在額前依次迎拍腳面，擊拍兩響，要準確響亮。

10. **擺步** 一腿支撐，另一腿提起，小腿外旋，腳跟先著地，腳尖外擺而後全腳著地。

11. **擺槍** 槍與地面平行，槍尖擺成弧形，用力柔和。

12. **鯉魚打挺** 迅速挺腹，兩腿下打寬不過肩，起立輕快。

13. **攔掌** 掌經體側向上，立掌向胸攔，掌心朝異側，掌指斜朝上。

14. **攔槍** 持槍與地面平行，槍尖向左下畫弧，高不過頭，低不過胯。

15. **躍步** 後腳提起前擺，前腳蹬地起跳，接著後腳向前落地。

16. **騎龍步** 一腿屈膝下蹲，另一腿跪地接近地面（不得貼地），兩腳間的距離約兩腳長。

17. **騙馬** 一腿稍屈支撐，站立要穩；另一腿裡合橫擺，腳要高於腰部。目視橫擺腿。

18. **鏟腿** 一腿支撐立地，一腿腳掌朝下，腳尖裡扣，用力向外彈踹。

19. **纏手** 以腕關節為軸，手掌由內向上、向外纏繞，同時前臂外旋，使手心轉向上抓握。

20. **纏腿** 支撐腿伸直，另一腿向裡繞環後踹出，力達腳跟。

21. **纏頭刀** 刀尖下垂，刀背沿左肩貼背繞過右肩，頭部正直。

22. **騰空飛腳** 擺動腿高提，起跳腿上擺伸直，腳面繃平，腳高過肩，擊手和拍腳連續快速響亮。

23. **騰空側踹** 兩腿同時起跳騰空，一腿屈膝上提，另一腿向同側方向做側踹。

24. **騰空擺蓮** 擺動腿要高，起跳腿伸直外擺，腳面繃平，腳高過肩，兩手依次擊手拍腳共成三響，不能有一響落空。

25. **騰空雙側踹** 縱跳要高，蹬踢要快，膝部要直，兩腿併攏，腳尖勾起，整個軀幹在空中側倒平臥。

26. **騰空掛面腳** 縱跳要高，兩腳懸空，裡合橫擺腿要伸直，腳高過肩，擊拍要準確、響亮。目視橫擺腿。

27. **鶴嘴手** 五指捏攏，直腕。

28. **鶴頂手** 五指捏攏，屈腕。

29. **鑽拳** 拳經胸前直向前上外旋鑽出，拳心斜向上，高與鼻平。順肩垂肘，臂微屈，力達拳面。

少林武術理論

第六章　武術教學與訓練

第一節　武術教學

　　武術教學主要是武術教師（或教練員）向學生傳授或者講述武術知識及武術技術，使學生逐漸掌握動作技術和養成武術道德的過程，它需要學生認真配合才能完成。教學內容包括要遵循的教學原則、教學過程和採用的教學方法及制定的教學文件等。

一、武術教學的原則

　　歷代武術老前輩及近代武術專家們，在長期艱苦的師帶徒授技和武術教學中，積累了豐富、寶貴、可行的經驗，歸納出五項施教原則。

（一）教師（教練員）的主導作用與學生的主動性相結合的原則

　　習武諺語有「嚴師出高徒，重道得真諦」和

「師父領進門，修行靠個人」等等說法，說明武術教師的主導作用與學生的主觀能動性相結合的密切關係。

在武術教學中，武術教師按照教學大綱，對自己的學生進行耳提面命、言傳身教，手把手地教武術技術，這就是教師的主導作用。但這僅是一方面，還需要學生具有主觀能動性，也就是說，學生必須自覺地尊敬師訓，按照教師的意圖、教法，認真學習，刻苦練功，始終如一。

教師還要講究科學訓練，不斷改進教學方法，提高學生習武興趣。教師不僅要指導學生完成學習、訓練任務，而且要培養學生樹立遠大的志向，主動地去研究新內容、新技術，爭取有所創造，甚至創造奇蹟，為繼承和發揚中華武術作出貢獻。

(二)直觀與思維原則

在武術教學中，教師給學生以感性的、形象而具體的知識，就是直觀教法，也叫直觀性原則。為了使學生準確地掌握武術動作，幫助學生提高學習武術的興趣和積極性，減少學生學習、訓練中產生抽象思維的困難，教師不僅要做到認

真講解、示範動作，而且還要利用一切有助於掌握動作的感性分析器，如把武術套路或教學內容製成錄影帶、圖片、幻燈片等讓學生觀看，給學生直接的視覺感知，建立動作概念。

另外，還可以對武術動作中的名稱和難點進行語言強化，由錄音、節拍器等輔助教學，進行聽覺感知，建立動作概念。

為了使學生鞏固所學習的內容，必須設法提高學生的思維能力，提高學生對武術動作加以認真的思考和技術分析，才能達到對武術複雜動作的理解、記憶和使用，這就叫思維原則。兩者密切結合，才能不斷地提高教學質量。

(三)系統性原則

在武術教學中，系統教學是十分重要的。具體說，就是教師根據教學大綱、教材所規定的內容，再根據學武者的年齡、性別、體質、心理及生理等特點，循序漸進地使教學達到一定的深度和廣度，即由簡到繁、由易到難、逐步深化，體現武術教學的系統性。

武術諺語中的「練拳不練功，到老一場空」和「要學拳，先站樁」等等，都說明武術教學講

究系統性。例如武術學習，要按照次序，先學好基本手型、手法、步型、步法和掌握肩部、腰部的功夫，然後學跳躍、平衡，再學組合動作，逐漸轉入學習拳械套路及對練套路，就充分體現了武術教學的次序性和系統性。同時還要安排一些由淺入深的武術專業理論學習，使學生便於正確理解並掌握動作技術。

(四)因材施教原則

在武術教學過程中，為了充分發揮每個學生的特長，或者說為有利於實際教學，應該按學生的年齡、性別、身體素質、技術水準等實際情況因材施教。

對於身體素質好、水準高、接受能力強的學生，應增加教學的內容、提高對動作的要求，使他們再進一步。反之，對有些身體素質不好、接受能力差些的學生，應特別注意給以鼓勵，善意輔導，這樣不僅可以提高他們的信心，而且也有利於團結一致，儘快使他們趕上去。

另外，對一些身材高和身材矮的學生可以分組訓練，因材施教。

如對身材高且柔韌性、協調性較好的學生，

應以劍、槍等易於表達出飄灑風格的套路作為訓練重點；而對身材矮但速度力量較好的學生，應以刀、棍等易於表達出勇猛氣概的套路作為訓練重點。這樣就可以發揮他們的個人優勢、特長，利於取得優秀的成績。

（五）鞏固與提高相結合的原則

在武術教學過程中，教師不僅要指導學生對已學習過的武術技術加以復習，達到鞏固提高的目的，而且還要使學生學到新的知識、新的技術，在原有的基礎上不斷提升。

當然，在復習時一定重視對每個動作標準的要求，對於不正確的動作給以糾正，使其由復習，鞏固正確的動作，達到定型的程度。

必須杜絕不正確動作的定型。對學生已學武術套路所有動作進行鞏固之後，不能滿足於停留在現有的層次上，而是要指導、啟發學生在原來正確動作的基礎上，不斷加以提高。比如對武術套路，不僅要讓學生練熟，而且要他們能掌握動作的節奏和手、眼、身、步法，把握精氣神和勁力的貫通，達到內外合一的標準。

二、武術動作的教學過程

　　武術技術動作的教學過程，就是透過教師對學生授技，使學生由不會到會，由會到熟練，以至能夠輕鬆自如地按照一定動作規格與要求完成武術的動作過程。

　　可把武術教學過程分為三個階段，即初步掌握階段、改進提高階段和運用自如階段。

(一) 初步掌握階段

　　初學武術者，由於大腦皮層興奮過程擴散，處於泛化階段，尚未建立準確的肌肉感覺，故老師在教學時，適合用形象化的教學手段，即示範與講解相結合、以示為主，使學生在模仿學習中，由視覺反饋，逐步建立肌肉感覺。

　　示範教學時，教師要把技術動作做正確，熟練、輕鬆、優美，而且還要把武術的攻防意識貫穿到每一個動作中，給學生一個正確、生動、完整的動作概念。

　　講解時，要有針對性、有重點，語言要精練、生動、形象，提高和啟發學生積極思維，以利於學生快速理解和掌握武術動作技術。

在學生掌握技術動作之後，關鍵是強調復習，還要指導學生養成自覺復習的習慣。教學中，遇到一些高難動作時，教師應設法做到周密的保護和幫助，使在安全的前提下，盡量減低其難度，逐步提高學生肌肉的運動感覺。在教材安排和實施訓練中，都要堅持循序漸進的原則，由簡到繁，由易到難，由低到高。另外，教師還要針對學生掌握技術動作的情況，多給鼓勵，從正面提希望，以增強學生的信心。

(二)改進提高階段

經過初級階段教師認真施教，學生努力練習且不斷強化，建立了較牢固的運動性的條件反射和動力定型，大腦皮層的運動中樞興奮與抑制過程逐漸集中，分化能力增強，因而學生對所學技術動作掌握得比較正確了，特別對套路中手足身眼步法的協調、勁力、速度等都有了明顯的提升。

為了充實和鞏固初級階段的成果，並在此基礎上繼續提高，在教學中應注意如下幾個方面：

（1）教師或教練員在教學中，要把經過反覆實踐證實有效的經驗編成口訣，還有那些流傳下

來的武諺，讓學生背誦，並且完全理解其意，又能貫穿在練習中。

如弓步的口訣：「前腿弓，後腿蹬，挺胸立腰別晃動。」又如少林拳訣：「沖拳出陽著陰崩，非直非曲鑽如釘。」這些口訣，均可增強學生對技術要領的記憶和印象。

（2）經常觀察學生所練習的技術動作，發現不規格動作及時糾正。也要科學地講解技術要領，提倡學生自察自糾，提高學生對技術動作的評審、糾正水準。

（3）在教學中，結合一招一式的攻防作用，進行實戰教學，加深學生對傳統武術套路中一招一式的實戰功能的理解，培養學生的武術攻防意識和演練技巧。

（4）對於一些技術水準較高的學生，可以單獨加班訓練，提高技術動作的難度和密度。但必須注意安全，嚴禁超負荷訓練和超難要求。

(三)運用自如階段

在這一段的基本任務是穩定學生的技術水準，不斷強化已形成的武術技能，逐步達到高標準。同時還要對照主管單位所規定的教學大綱和

教學計劃的要求，圓滿完成教學任務。

具體做法如下：

（1）增加學生完成套路的次數，提高完成套路的熟練程度和技術動作水準。

（2）加強技術動作攻防意識的教學，加深學生對武術動作的理解，提高學生的實戰技能。應講究每一個動作的精確度，必要時可以加大動作的難度，增強訓練幅度。總之，使學生能熟練、準確掌握技術套路的招招式式，達到運用自如之程度。

三、武術動作的教學方法

教學方法和手段是否合理，直接關係到教學質量。教學法主要分語言教學法和直觀教學法兩種。

(一)語言教學法

在教學中，運用科學、正確的語言給學生講解，使學生明確學習任務，端正學習態度，進而刻苦研練，取得良好的成績，對培養分析問題和解決問題的能力，對完成教學任務、提高教學質量，有著十分重要的意義。

1. 講解

教師在給學生講課時，使用語言要注意科學性、正確性、系統性和啟發性，以使學生愛聽、認真聽，進而認真學、易接受、易消化。每次給學生講解時，力求有明確的目的，要通俗易懂，要簡明扼要，並富有科學性、啟發性。

講解的內容主要是武術動作的做法和規格與標準、基本規律、易犯的錯誤、動作的關鍵及攻防含意。講解的方法以形象化和口訣化為宜。

形象化：如講解拳術中的「提膝亮掌」時，可以說猶如「金雞獨立」；講解「補步亮掌」時，可以說猶如「燕子抄水」。

口訣化：即把技術動作、攻防方法或動作要點編成口訣，使學生易讀、易記，促進理解，宜於練習。如馬步的口訣為：馬步腿半蹲，足距稍寬肩，挺胸腰背直，兩眼平視前。又如推掌的口訣是：手是兩扇門，視情開閉慎；攻施手推窗，守當閉門人。

2. 口令的運用

在武術教學中，若能運用好口令，對於加強課堂的組織管理，提高手足身眼步法的協調，充分發出勁力及增強習武者訓練的氣氛，均會起到

積極的作用。武術教學中的口令主要有：

（1）起勢口令「預備」；

（2）演練口令「走、走、走」；

（3）收尾喊「嚇」；

（4）行進中口令「一、二、三、四」；

（5）壯氣氛口令「我愛武術，我愛中華」和「艱苦磨練，頑強拼博」等。

(二) 直觀教學法

目前，在我國各武術館校、輔導站及武術專業隊的武術教學中，主要運用直觀法。其內容包括示範教學和電化教學等多種方法。

1. 示範教學

透過教師對武術動作的示範，使學生了解所要學習的動作形象、結構、要領和方法。教師示範正確，不僅可以使學生由直觀的感性認識，獲得武術正確動作的概貌，而且還可以使學習由欣賞提高習武的興趣，激發習武的自覺性。教師示範應注意以下幾點：

（1）選好示範位置。教師在武術教學示範時，應選擇學生能看得比較清楚的位置，以全部學生都能看清楚為好。如站在學生隊伍的最高

點，或讓前排學生蹲下，或站在學生隊伍中間。

（2）選好示範面。在武術教學示範時，有正面、側面、背面、斜面等不同的角度面。當然要以正面為主。有時對背面姿勢應另示範一次。

（3）領做動作。為了使學生能充分理解動作的細節，教師在講解之後，必須先領做一遍。領做動作多選擇正面領做，必要時從側面或背面再重新做一遍。

（4）示範與講解相結合。為了使學生易懂易學，教師可以邊講解邊示範，或先講解後示範，或先示範後講解。這要根據學生的接受能力而定。總之，要做到示範與講解相結合，促使學生儘快學會、學正確。

2. 電化教學

在武術教學中，對一些高難動作和示範不能充分顯示的動作，必要時用掛圖、圖片、電影和錄影等形象的直觀方式進行教學。

這樣能使學生加深對動作的理解，進而分析動作的要領，體會套路的演練風格，對提高教學質量大有好處。

3. 完整與分解教法

武術套路是由很多單個動作組成的。教師在

教學時，把一套武術動作從起勢到收尾一次性給學生做完，使學生全面地理解和接受，這樣就保持了技術動作的完整性和固有的結構，使動作連貫自然、富有節奏，便於較快地掌握全套技術，此乃完整教法。

分解教法是把一些難度大而複雜的動作分解開，先分層次教學，待學生分別掌握後再集中起來，最後合攏一起。這樣循序漸進地學習，才能使學生有信心、守秩序。可以先完整後分解，也可以先分解後完整，還可以二者交替使用，教師應靈活掌握。

4.練習法

練習法在武術教學中，是非常重要的。就是學生在教師的指導下，根據不同人掌握技術的不同程度，以分組、單人、集體等不同形式，對已學過的套路或技術動作反覆進行練習。

練習或復習時，教師必須對學生的一招一式認真觀察，發現缺點和錯誤時立即糾正，並給出正確姿勢之示範，令其再演練，有缺點再糾正，直到學生的技術動作完全合乎標準。

5.比賽法

為了有效地發展學生的身體素質，提高武術

技能和鍛鍊學生的比賽表演能力，培養學生的集
體觀念，教師可以根據不同學生、不同的技術水
準、不定期地組織比賽。

比賽的形式可以分個人、小組、集體三種。
可由教師制定比賽標準和評分辦法，也可以學生
評議和教師評分相結合的方式評分。

6.輔導及預防、糾正錯誤法

（1）對一些接受能力和記憶力差而不理解動
作要領的學生，教練應耐心細緻地給予講解、示
範。必要時多做分解動作，放慢速度，甚至手把
手地教。

（2）對一些因肌體感覺差和身體素質差而不
能控制動作、做不好動作的學生，教師應特別關
心，鼓勵他們加強專項素質鍛鍊，刻苦練功，努
力趕上。

（3）對一些高難動作，因學生怕損傷而不敢
大膽去做，或一再出現錯誤時，教師應採取保護
和幫助的方法，讓學生打消心理顧慮，放心大膽
地去練習。

（4）若發現學生有共性錯誤時，教師可以組
織學生會診，發揮群眾的智慧，啟發學生分析錯
誤的原因，以點帶面，解決普遍性的問題。

四、武術教學文件的制定

武術教學過程的全部工作計劃，稱武術教學文件，其內容包括教學大綱、教學進度和教案三個部分。它是武術教師或教練員在教學工作中有計劃、按步驟進行武術教學的主要依據，對教師順利教學、完成教學任務和學生學好武術知識、技能起著重要作用。

(一)教學大綱

武術教學大綱是根據武術教學培養的目標，規定教學目的、任務、學時及成績考核，並以綱要的形式，制定出武術教學或訓練的學習內容、順序及比重。

1.武術教學大綱的具體內容

（1）理論部分：寫出讓學生學習哪些理論知識，並且要詳細注明具體內容和要求。

（2）技術部分：

①上技術課的主要方式、方法。

②武術基本技術的教學內容。如基本功、基本技術或基本動作等，要根據教學任務區分重點內容和一般內容。

③基本套路教學，應安排一些具有特色的拳術套路和器械套路。

④技術培養。結合教學大綱中的任務，培養學生一些專業技能知識。如對技術動作出現錯誤的分析、糾正方法，創編武術套路，看圖實習、裁判實習等。

2.完成教學大綱的措施

為確保教學大綱順利實施和完成教學任務，可採取如下措施：

（1）做好學生的心理政治工作，培養學生樹立為國習武、為人民練武和取得優異成績的大志。

（2）加強課堂的科學管理，制定和完善各種教規、學規制度。

（3）不斷改進教學方法，促進教學任務順利完成。

(二)教學進度

根據教學大綱所規定的教學任務和內容，應按學期或階段定出教學計劃。應列出每項課程的教學日程表，內容一般包括課次、教學任務、主要教學手段及要求等。

1.教學進度表

（1）符號式教學進度表：在制定教學計劃進度時，先畫好表格，把教學內容填寫在表格的內容欄裡。然後，再把教學時數、順序、課次分別填入，用符號「√」填入每次課的方格內。這樣，教師就可清楚地看出每次課的安排。

符號式教學進度表

序號	教學內容	學時	次數	課次					
				1	2	3	4	5	6
1	武術操	4	2	√	√				
2	基本功	8	4			√	√	√	√

（2）名稱式教學進度表：在武術教學中，把教學的具體項目填入教學內容欄內，在組織教法欄內填寫課型、重點及教法，其他事項如武術器械等填入備注欄內。

名稱式教學進度表

課　　次	教學內容	組織教法	備　　註

2.制定教學進度的基本要求

（1）全面安排，重點突出。

（2）教學內容按順序安排，應遵循由易到難、由簡到繁、循序漸進的原則。

（3）理論與實踐相結合。由教學進度的實施，不僅使學生在技術方面有所提高，而且在理論方面也有較大的進步。

（4）在安排教學進度時，既要考慮學習新內容，又要考慮對已學技術的鞏固與提高。

（5）根據學生的接受能力，靈活地安排學習內容，避免死板。

(三)課時計劃(教案)

1.教案的內容

（1）教案的任務及要求：教學中離不開貫徹

和講解習武者應具備的道德品質和應遵守的武德規範，提高習武者的武術道德品質。當然主要是安排好本節課的學習內容，圓滿完成本節課的教學任務。

（2）教學步驟與組織教法：一般的武術課程教學可分為四部分。一是開始部分，二是準備部分，三是基本部分，四是結束部分。

①開始部分：即整隊、報告人數、點名、安排見習生，交代本次課的任務及要求。

②準備部分：也就是課前活動，讓學生做些有趣的遊戲或準備活動（專項準備活動），使學生身體各部位能感到發熱，以出一點汗為好。

③基本部分：也是本節課的主要部分。按照教材的內容，根據周計劃規定的具體任務，認真、細緻地安排本節課的組織教法。

④結束部分：主要是學生放鬆運動和整隊小結，由教師對本節課的學習和接受程度進行簡要的總結。

2.教案的格式

目前在武術教學中一般以採用表格式為宜。

＿＿＿＿＿＿ 課教案　日期 ＿＿＿＿＿＿

年級 ＿＿ 課次 ＿＿ 人數 ＿＿ 任課教師 ＿＿＿＿＿＿

課的主要任務：

課的總體要求：

教　案：

課的部分	時　　　間	教學內容	組織教法	備　　註
開始部分 準備部分 基本部分 結束部分				
器材設備				
課的小結				

3.編寫教案的要求

（1）任務明確，內容具體，切合實際，重點突出。

（2）課次注重銜接，教材縱橫聯繫。

（3）教書育人，有針對性。

（4）組織嚴密，教法多樣，負荷得當。

（5）布置合理，文字簡練。

（6）課後書寫認真、簡明扼要，總結經驗，吸取教訓。

第二節　武術訓練

一、訓練內容

武術訓練的內容包括身體訓練、技術訓練、心理訓練和智能訓練四個部分。

(一) 身體訓練

身體訓練是提高和保持運動員優異成績的基礎。由對人體各部的訓練，可以促進和發展運動員的柔韌、速度、靈敏、耐力等素質，為提高運動員的武術技能和培養優秀運動員打下良好的基礎。身體訓練包括一般身體訓練和專項身體訓練兩種。

1. 一般身體訓練

一般身體訓練的目的是提高運動員的健康水準和身體各器官的機能，全面發展身體素質。通常採用加速跑、變速跑、繞行跑、中長跑及各種跳躍運動，亦可利用體操項目中的引體向上、手倒立、舉重等進行訓練。

2.專項身體訓練

專項身體訓練指與武術動作有關的身體訓練，如武術基本功、基本技術，即柔韌性的腰腿訓練、力量性的樁功訓練、靈活性的跳躍訓練和穩定性的平衡訓練等。

(二)技術訓練

技術訓練是武術訓練的中心部分，主要指武術基本技術和基本動作。

1.基本技術訓練

（1）動作的發力順序：在武術訓練和武術競賽中，通常要求動作快速有力，即每招每式都要達到勁力充足、用力順達、力點準確、發力完整。歷代武術家的經驗告訴我們，在武術運動中，腰處於主宰位置。在做上肢動作時，力要起於腰、行於肩、跟於臂、達於手。做下肢動作時，力要起於胯、行於膝、達於足。此乃發力的順序。只有按發力的順序發力，才能使全身上下得以充分貫通。

（2）動作技擊特點：武術動作的特點就是具有攻防作用。教練員在教學、訓練中，要指導運動員掌握每個動作的技擊特點，並切實體驗技術

動作的攻防意識、攻防價值。每出一招都立足於攻防兼備，既襲擊對方要害，又不讓對方打著自己。

（3）八法的協調配合：武術中的八法是指手、眼、身、步、精、氣、力、功八方面。八法在技術上的要求是：拳如流星眼似電，腰如蛇行步賽沾，精要充沛氣宜沉，力要順達功宜純。如在做手的沖拳時，要做到手到眼到、上下相隨、精神飽滿、運用順力，並根據動作的性質提氣或托氣等。

2.基本動作訓練

基本動作是指典型的、常用的又比較簡單的動作。其內容包括手型、手法、步型、步法、腿法、平衡、跳躍等。教練員在訓練時，對練習者要嚴格要求，要求姿勢正確、反覆演練，發現錯誤時立即糾正，為學習武術套路打下良好的基礎。

3.套路技術訓練

套路技術是指提高武術套路的演練技巧水準，達到不斷增強身體素質和機能並在競賽中取得最佳成績之目的。

（1）分段訓練：教練員把整個套路分成若干

部分，教運動員反覆練習逐漸熟練，為學習整個套路打下好基礎。

（2）整套訓練：把分段訓練的內容統一起來成為整套，深入訓練，力爭達到節奏緊湊、布局合理、體力適當、動靜分明、快慢相間、剛柔相濟、內容充實的良好效果。

（3）超套訓練：指一次上場完成一套以上套路的練習。教練員在平日訓練時，對練習者要逐漸加大運動負荷，使他們每節課都演練連貫的套路，一次練一至兩個套路再休息，培養頑強的意志品質。

(三)心理訓練

心理訓練指教練員透由運用各種手段有意識地對運動員的心理和個性特徵進行耐心、細緻的培養，使運動員逐漸能夠掌握調節自己心理狀態的各種方法，為更好地參加訓練和取得優良成績服務。

心理訓練是現代武術訓練的重要組成部分。因為培養一名出類拔萃的運動員，不僅要加大其運動和技術訓練的負荷，而且也要加大心理訓練的負荷。同時，體育各項目在近五十年的賽場經

驗也證明，心理因素對競賽的勝負起著重大的作用，因此必須重視和安排好心理訓練。

1.一般心理訓練

為保障運動員能提高訓練水準，必須加強其心理品質和心理機能的訓練。其內容包括：培養運動員對專項運動的興趣、能力、氣質等；發展專項運動員的知覺、運動表象、想像、形象思維、意志品質等；還應隨時注意觀察運動員注意力的集中和轉移，保障其穩定性。

2.準備具體比賽時期的心理訓練

比賽時期的心理訓練為短時期的訓練，即在賽前要使運動員能夠控制和調節自己的心理狀態，使其明確任務，端正比賽動機，樹立戰必勝之的信心，沉著應戰，力求最全面、最好的發揮，杜絕緊張情緒和信心不足現象。

(四) 智能訓練

智能訓練指對運動員的技術操作能力與思維能力相結合的訓練。人的身體運動也包含著智能活動，尤其在技術操作方面表現較為突出。

教練員對運動員智能訓練的具體任務是，培養運動員能夠獨立完成訓練和參加比賽的能力、

參與制定和修改訓練計劃的能力、進行自我監督的能力和熟練掌握運動器械的能力等。

二、訓練方法

訓練方法包括身體和技術訓練、心理訓練、智能訓練三部分。

(一)身體和技術訓練法

1.重複訓練法

重複訓練是指對已學過的技術動作按照既定的要求反覆地練習。在重複訓練中，教練員一定要按照原訓練的負荷和數量進行，不可隨意加大。對練習者所做的動作，必須嚴格要求、一絲不苟，發現錯誤時立即糾正。對於技術水準差的運動員，在訓練時要降低要求，在兩次訓練之間延長休息時間，待逐漸提高後再逐漸增加時數和運動負荷，使之儘快趕上。

在多數運動員掌握好基本技術的基礎上，要不斷提出新的要求，使之常練常新，不斷提高訓練質量和訓練水準。

2.間歇訓練法

間歇訓練是指在訓練的間歇，當運動員的肌

體還未完全恢復時就進行下一次訓練的練習方法。此法類似重複訓練法，其區別是練習的間歇時間是有規定的，當肌體未完全恢復時就進行下一次訓練。

教練員可根據練習者的實際情況，逐漸縮短甚至取消間歇時間，逐漸加大訓練強度。

3. 變換訓練法

變換訓練法是指在練習過程中，教練員有目的地改變練習速度、密度、時間、環境、條件等進行訓練。運用這種方法的目的，是為了有利於運動員在不同的情況、不同的環境下都能很好訓練和發揮技術水準。

如為了克服某些運動員的動作僵硬或粗糙而降低速度和速率，為了克服使用器械時勁力不足而改用重器材練習等，都屬於臨時的變換。

4. 循環訓練法

循環訓練是指用簡單易行的練習，組成一定時間內固定不變的練習「程序」，按合理的負荷循環練習。此法對於提高練習者的力量、速度、耐力等素質都有著良好的效果，是一種綜合形式的訓練方法。

可以把訓練的內容劃分成若干站，每個站的

內容、運動負荷和循環的次數，都要根據教材所規定的具體任務、對象狀況靈活確定。這種訓練方法還可以結合重複、間歇等訓練方法進行。

5.滲透訓練法

滲透訓練法是指把某基本內容逐步擴展，最終融會貫通於複雜的運動形式中的訓練法。

武術套路是由很多單招動作所組成的，為提高整個武術套路的技術水準，教練員可以根據套路動作的規格、節奏、意識等因素，有目的地抽出部分基本內容進行專門訓練，然後過渡到組合，從分段再到整套。

重點內容可以任意選擇，還可以結合其他練法進行練習，以使所選擇的重點內容逐步滲透到整個套路中去，達到運用自如、融會貫通的目的。

(二)心理訓練法

1.念動訓練法

念動訓練法是指在心理上完成動作的過程。其實質是以本身動作的能力為基礎，反覆進行思維表象，以引起神經肌肉系統的相應變化，從而起到訓練的作用。

念動訓練的關鍵是在訓練前就使心態平靜下來，使身體各部完全放鬆，集中注意於套路的各種動作規格、路線、節奏等方面，一直到收勢，將整套動作追憶一遍至數遍。

念動可由每天的幾分鐘增至 10 分鐘，這有利於訓練的效果和技術的提高。

2.模擬訓練法

模擬訓練是指在賽前設法提高運動員的心理穩定性和應變能力的訓練方法。模擬訓練有現實模擬和語詞形象模擬兩種。現實模擬多在接近比賽的時候進行訓練，如針對比賽的時間，組織觀眾參觀，安排裁判員打分，嚴格按賽程進行，以達到訓練的目的。語詞形象模擬，是利用語詞來描述比賽的情景。

模擬訓練可避免運動員有不良心態發生，利於賽時技術的發揮，達到取得優良成績的目的。

3.情緒控制訓練法

情緒控制訓練是指採用一切手段有意識地控制運動員賽前不良情緒狀態的訓練方法。如有意識地改變表情、動作，或用積極、正面的語言暗示，改變影響運動員情緒的條件。

4. 自我暗示和放鬆訓練法

自我暗示和放鬆訓練是指以一定套語進行引導，促使肌肉放鬆，從而調節身體各部神經機能，進行自我動員的心理訓練方法。

如默念暗語暗示：我的呼吸是平靜的，我的左右臂都放鬆了，我的心跳均勻了。恰當的套語暗示，可以振奮精神和調動積極性，有利於在比賽中取得最佳成績。

(三) 智能訓練法

（1）在基礎理論知識的傳授中發展智能。可以透過圖片、幻燈、電影、錄影等直觀手段培養運動員的觀察力，再由提問、復習等形式，引導運動員運用分析、綜合、比較、判斷、推理等思維方式去提高解決問題的能力。

（2）在專項理論知識的傳授中發展智能。

（3）在訓練過程中發展智能。發展思維智能，是保障武術訓練、教學及提高運動員技術能力的重要因素。

第七章　少林寺歷代著名武僧簡介

第一節　北魏隋唐時期著名武僧

稠

稠，俗姓孫，名溪，陝州人。自幼跟祖父長大，以打獵為生，學了一身好武藝。北魏太和二十年（公元 496 年），因祖父被洛陽惡霸的兒子所害，為給祖父報仇，殺死兇手，逃入嵩山，隱居少林寺，出家為僧，被佛陀收為徒弟，賜法號稠。據《少林寺志》記載，稠禪師自幼善武，尤擅氣功和拳技，亦可以「躍首至樑，引重千鈞，拳捷驍勇，動駭物聽」，還可持錫杖解虎鬥。

由此可見，稠禪師在當時的拳技和氣功高超無比，就今天而言，也是武林少見的。據考證，稠禪師不僅是少林寺最早的武僧，而且也是中國最早的禪宗傑出法師之一。

志　操

志操，字冬雪，號柳勁，原籍鄆昌，俗姓李，名大成。原為武舉人，隋末，因好打不平，傷了賀員外之子，怕吃官司，逃到嵩山少林寺拜資清和尚為師，隱居少林寺。十載已過，賀員外家破人亡，志操算鬆了口氣，方敢出露鋒芒，發揮才智，被眾僧推舉為住持。

唐武德三年（公元 620 年），王世充與李世民爭奪天下，交戰於東都。在關鍵時刻，志操組織武僧十三，在岐嶺口伏擊，沉重打擊了王世充的部隊，為李世民立下了豐功。

曇　宗

曇宗，俗姓薛，名雲，河南洛水人，年幼時曾跟父親習武。後來父親在朝為官，因遭奸臣陷害，遭滿門抄斬，薛雲星夜逃走。後入嵩，巧遇弘潤和尚，同返少林寺，皈依沙門，師賜法名曇宗。

唐武德元年（公元 618 年），曇宗武藝出眾，被晉升為總教頭兼武守備，受到方丈和眾僧的尊重。

　　唐武德三年（公元 620 年），王世充率部與李世民交戰，在關鍵時刻，少林寺住持志操組織武僧為營，派曇宗任先鋒，打擊王世充所部。戰後，李世民特別嘉獎少林寺參加的十三僧，曇宗被封為大將軍僧。

善　　護

　　善護，字正仁，俗姓周，幼名福太，係隋末少林寺拒賊立功的十三僧之一。

　　唐武德三年（公元 620 年），王世充率部同李世民奪天下，善護應選參戰，腰纏長鞭，手握長棍，飛馬擊敵，任僧兵督軍，兼清掃寇尾。一度陷入困境，他一手揮棍，一手舞鞭，勢如秋風掃落葉，擊斃鄭軍不計其數，獲戰馬數百匹，糧草百擔，號稱活趙雲。

　　唐太宗登基後除同授十三僧巨獎外，還加封督提典一職，善護婉言謝絕，僅領袈裟而去。貞觀五年（公元 631 年），出山門西行涼州，隱居三峰寺。

惠　　瑒

　　惠瑒，討伐王世充十三僧之一，俗姓劉，名

道全，陝州人。

惠瑒皈依少林寺後，侍奉弘智勝過父母，掃地、砍柴，事事當先，勤勤懇懇，任勞任怨，很受眾僧愛戴。不久，被選入寺立學堂讀書，他勤學苦練，廢寢忘食，三年功成，品學兼優。

年僅十五，即能背誦經卷，並擠時間習武，練點穴、技擊、棍棒刀槍，不惜流汗，常忍槍刀削肉濺血之苦。又過三秋，大功告成，武技超群，獨擅勝場。

普　惠

據《少林征戰簿》手抄本記載：普惠，俗名侯大勇，原為補鞋匠，性暴剛直，好打不平。

唐武德三年（公元 620 年），王世充同李世民奪天下，交戰於東都（今河南洛陽）。當王世充的侄兒王仁則率部路經嵩山區時，少林寺住持志操集僧軍討伐。普惠爭先報名，列為左先鋒，協曇宗大破鄭軍。他在這次戰鬥中，衝鋒陷陣，奮不顧身，曾三次負傷，爬起再戰，協助曇宗，擊潰敵兵，活捉了王仁則，還親自擊斃了鄭軍的副將吳大少，獲戰馬數十匹、寶劍百餘把，功勛累累，僅次於曇宗。

　　李世民登基後，普惠除同享對十三有功僧的嘉獎外，另得御授寶劍一把，虎將戰甲和盔一套。

　　貞觀十六年夏，肅州匪亂，十萬餘騎東侵，勢如暴風驟雨，涼州總兵告急，皇上詔普惠任先鋒，率僧兵五百平息叛匪。普惠應詔，率僧開赴戰場，傍懸峰紮營、背水為陣，乘雨夜攻敵營，當場殺死敵先鋒扎格爾，匪無首自散，丟盔棄甲，潰不成軍。普惠命副將明嵩重擊戰鼓，眾僧持炬追擊，疾如閃電。頓時，殺聲震天，僧隊氣沖霄漢，匪軍敗如山倒，十萬兵馬，霎時潰無蹤影。總兵鳴金收兵，班師回朝，太宗聞奏大喜，當授征西大將軍。普惠頂禮謝恩，拒絕授銜，僅收袈裟下殿。

　　月後，奸臣奏本，污普惠蔑視當朝，派刑部副侍帶五十校衛赴嵩捉拿。魏徵老相提前派飛探報信，普惠聞訊改裝出山，倖免於難，後隱居江南，再無音信。

明　　嵩

　　明嵩，字浩音，俗姓祝，名秋順，南昭人。係唐初立功十三僧之一。隋仁壽三年（公元 603

年）進少林寺，拜弘一和尚為師，師賜法名明嵩。

明嵩跟師父苦習少林功夫之恆，世代稀有。每日四更悄悄起床，練翻騰術，然後爬五乳峰，練飛崖穿林功，下山時順便砍柴，挑回寺院，眾僧還未起床。

白天幹農活，學雜役，一當十用；晚間練梅花樁、點穴術，直到子時，常練得汗浸衣衫，皮破血流。眾僧對他的毅力和修養十分讚揚。

唐武德三年（公元 620 年）三月十五日，在一次法會上，方丈和尚任命明嵩任副教頭兼督監。次年志操率僧拒賊，他任右先鋒。在峴嶺口伏擊戰中，單人匹馬，消滅鄭軍一個鐵騎營，號稱「沙門虎將」。

貞觀二年（公元 628 年），肅州南部遊牧族聚眾作亂，危及蘭州，他應太宗聖詔，率僧赴肅南平匪，不幸為國捐軀，年方 37 歲。

靈　憲

靈憲，俗姓韓，名天保，鄴郡人。隋大業十三年（公元 604 年），流落入嵩，拜洪覺和尚為師，師賜法名靈憲，年僅 7 歲。

　　靈憲皈依少林寺後，雖然年幼，但特別聰明，天資別奇，且學武用心，練功刻苦，18歲就能為護寺屢立功勛，方丈和尚提拔他任武守備。

　　唐武德三年（公元620年），他積極參加了少林寺僧兵隊伍，在伏擊王仁則戰役中，衝鋒陷陣，勇不可當，號稱「天將軍」。

普　　勝

　　普勝，宜州人，俗姓高，名天照，係少林寺弘潤和尚的弟子，隋末拒賊立功十三僧之一。

　　高天照於隋大業三年（公元607）流落入嵩，到了少林寺，巧遇高僧弘潤和尚，乃將自家的遭遇和父母雙亡的悲劇向弘潤訴說了一遍，弘潤同情萬分，當日就收他為徒，在大雄殿舉行了剃度儀式，賜法號普勝。

　　普勝出身貧寒，久經風霜，飽嘗黃連之苦，使他立下了宏願雄志。白天勤於農役，晚間刻苦習武，虛心向眾僧求教，常練得汗透衣衫、皮破血流，從不間斷。僅三載有餘，就練成了一身好武藝，尤其擅長技擊、點穴、擒拿等術，眾僧稱他「機靈鬼」。

　　唐武德三年（公元620年），被選入拒賊僧

隊擔任偵探。在伏擊戰中，曾赤手空拳衝入鄭軍大營，憑非凡的武功打死三道崗衛，探敵實情後飛身脫離虎穴。

高宗永徽五年（公元 653 年），普勝已年近六旬，但武功仍不減當年，常在五乳峰下同眾僧演練徒手，每以一對七，總獲全勝，號稱「老黃忠」。這年十月，河套有亂，皇上詔僧平叛，普勝首先報名，率眾應征。赴邊平匪獲勝後，途中改道悄走，隱居別山，再無音信。

道　廣

道廣，字深修，金陵人，俗姓徐，幼名方正，係討伐王世充十三僧之一。道廣出家前在徐州從軍，飽嘗了戰亂和互相殘殺的痛苦，便逃離軍營，歷盡曲折，於隋大業四年（公元 608 年）三月到了少林寺，拜訪了覺靈法師，傾吐自己識破紅塵、棄軍進山、削髮為僧、虔誠修行、普度眾生的心願。覺靈和尚看他心誠有志，定有後望，便高興地收他為弟子，賜法名道廣。

他皈依沙門後，自願當雜役，每天砍柴、挑水、掃地、種田，始終任勞任怨，尊長和眾，頗受眾僧歡迎和器重。

　　唐武德三年（公元 620 年），王仁則率部攻打李世民所部，犯之嵩山，少林寺住持志操選武僧組軍討伐，小彌爭先為道廣報了名。不料道廣說：「我已經看夠了兵戈戰爭，你砍我殺，要去你自己去吧！」幾個和尚激他說：「鄭軍惡如狼虎，猛如鷹叼小雞，量你也不敢去。」還有的說：「他才來幾天，去也是白送首級。」你一言，他一語，激怒了道廣。他豪爽地說：「好，我去定啦，不掂幾個狗頭回來，誓不為人！」說罷匆匆入列，隨隊殺敵而去。

　　開戰後，道廣的任務是誘敵入伏。他單人匹馬深入敵營，本應驚敵後轉身逃走，哪知他立功心切，進去一通砍殺，半個時辰就砍了五十多賊首。片刻王仁則率兵趕來，包圍了樹林，他看寡不敵眾，殺出一條血路，拼命脫身。賊似黃蜂，向他撲去，在緊要關頭，曇宗領眾僧趕來接應，才倖免於難。

　　李世民登基後，嘉獎少林寺十三僧，道廣功列其中。貞觀十年（公元 636 年），道廣回故居探親訪友，一去數載未歸，後無音信。

智　　勝

　　智勝，字仁宇，俗姓范，名三，曹州人氏。隋開皇十五年（公元 595 年），生於曹州西塘溝，弟兄三人，排行第三，其父遂取名范三。自幼喜歡武藝，曾隨舅父劉保善習拳弄刀，練就一身好武藝，18 歲從軍，戍營徐州。

　　大業十年（公元 614 年）秋，因宮營起火，大部軍需品被毀，總兵欲治罪於軍營將領徐洪。徐洪之內弟，為保姐夫而嫁罪於徐田興。范三同田興同日入伍，兩人肝膽相照，結為兄弟，情同手足。范因義弟遭不白之冤，心如刀絞，甚感不平，便聯絡十名士兵冒死上訴。

　　總兵不僅不納正義，反而治范三聚眾謀反之罪，打入死牢，待十天後與徐田興一併處死。後來在服刑途中，幸被眾士兵劫刑相救，兄弟倆才逃離虎口。二人流落到嵩山，同投少林寺削髮為僧，拜在普覺座下，師分別賜法名智勝、智興。

　　唐武德三年（公元 620 年），王世充率部行至嵩山，少林寺志操組軍抗拒，智勝首當選入，在伏擊中英勇奮戰，同立功勛，同受太宗嘉獎。

　　貞觀五年（公元 631 年）八月，智勝得知家

母在異鄉病故，告假離寺，返俗葬母。後應徐州太守高聘而任職參將，卒於平南海匪陣之中。義弟智興由少林寺赴陣收靈，尊在寺內。

智興追詩曰：

勝公還俗不忘僧，淨土俗鄉亦留名。

在僧赤誠衛淨土，入俗爲國捐腦顱。

不忍義弟雪做墨，出生入死扶難人。

光明磊落潔如玉，英靈永榮壯士輝。

智　　興

智興，字仁睿，俗姓孫，名田興，徐州人氏。幼年喪父，母親改嫁，跟鄰居徐大中長大成人。為感謝徐大中養育之恩，改為姓徐，亦名徐田興。徐大中自幼習武，身獲超人武功。因祖上業為吹手，故考武科落榜，在家務農。

收養田興後，為鼓勵和啟發養子習武，望能幸運中舉，才又重掂刀槍，演習武功。果然感化田興，立志成武。

隋大業十年（公元 614 年）與智勝同皈依少林寺拜武僧普覺座下，削髮為僧，師賜法名為智興。練功刻苦，武藝大進，方丈和尚提升他任武守備兼教頭。

　　唐武德三年（公元 620 年），智勝勇參僧軍，去打鄭軍，智興擔心義兄身遭不測，便也報名入列。兄弟倆並肩蹬鞍，同入虎穴，生死與共，獲捷後又併馬歸山，同享太宗嘉獎功榮。

　　貞觀五年（公元 631 年）九月，得知義兄喪命疆場，悲痛欲絕，不遠千里，歷經萬險，赴南海祭收智勝骨灰還寺，尊在禪室正堂，每日三祭九祈，以報昔恩，永志英靈。

　　他的後半生，主要操勞於治理寺院，為弘揚禪法、捍衛佛財而嘔心瀝血。因忘我工作，身染重疾，醫治無效，不幸於貞觀二十年（公元 646 年）雪月丙辰圓寂。座下高足有靈賢、靈靜、靈鬆、靈茂等。

豐

　　豐（574～660），俗姓周，名三快，青州人氏。因下巴較長，綽號「長巴子」。

　　隋仁壽元年（公元 601 年），周三快因逃避打抱不平的官司，跑到少林寺，削髮為僧，拜覺玉和尚為師，法名豐。

　　皈依沙門後，刻苦練功，武藝進步如飛，特別擅長棍術，創造了少林扁擔功。

唐武德三年（公元 620 年），王世充率部兵經嵩陽，少林寺組軍伏擊，豐入選。在拒賊中縱橫馳騁，背水為陣，氣貫長虹，殲敵不計其數，號稱「降龍將軍」。

唐高宗顯慶五年（公元 660 年），肅州異族作亂，朝廷詔豐領僧三百拒之，豐已年過八旬，不願再睹殺戮，便星夜離山門，隱居避譽，再無雄音。

滿

滿（586～？），俗姓尹，南陽人氏，綽號「尹大刀」。幼年喜武，從舅父李深習練，擅長弓箭、大刀、草鐮等。成年後入張八雜技班，以演技為生。

隋開皇十七年（公元 597 年）投奔少林寺削髮為僧，皈依覺玉座下，師賜法名滿。

滿皈依少林寺後，因武藝超群，很快受到方丈和尚信任，提升為教頭兼西堂堂主。

唐武德三年（公元 620 年），滿參加了少林寺十三僧討伐王世充的戰役，榮立了功勛。

圓　　靜

據《少林寺武僧譜》記載，唐代少林寺武僧圓靜和尚自幼習武，喜練槍、鞭等兵器，更擅長硬氣功。他常以一尺半的鐵棒錘砸自己的全身，每日 809 錘，幾十年如一日，故「石砸頭頂不覺物，釘扎面頰不覺痛，鐵杠打腰似纏線，銀槍戳喉如蟻行，裸背如裹鐵布衫」，號稱少林「鐵和尚」。

唐憲宗元和十年（公元 815 年），年過八旬的圓靜和尚聽說洛陽府有個張員外，依仗權勢橫行霸道，他想：「出家人以善為本，普度眾生，但世間如此不平，吾修行何用？不殺了那個張員外，民何得安，眾何得生？」於是，他連夜出山，聯嵩山南北村民數萬，奮舉刀槍，打進汝州（今河南臨汝，轄境相當於河南北汝河、沙河流域各縣），除了縣令。然後與青州（在今山東境內）節度使李師道部會師，結成盟軍，進攻東都（今河南洛陽）。後因部將楊進、楊再興等人告發，遭官軍襲擊，圓靜被俘。

官軍將官多次勸他投降，圓靜大罵道：「哈巴狗，少搖尾巴，要殺就殺，不要廢話！」官軍

少林武術理論

看無降望，當場讓一個大力士用鐵錘砸斷圓靜的雙腿，哪知這個大力士一連三錘打下去，卻毫無作用。圓靜和尚哈哈大笑，然後又罵道：「折人腿且不能，敢稱大力士？當狗不給主子面子，還稱什麼好狗！」

官軍主將惱羞成怒，便命令部下把圓靜用繩子捆了幾圈，最後讓刀斧手給砍死了。他的弟子永雷、永春，也同場被處死。

後僧追詩曰：

靜公沙門弟，自幼習武藝。
苦練鐵身功，鐵石不覺痛。
聚義懲惡道，不幸捐身軀。
八旬頭壯威，宗風凱俠曲。
少林鐵腿僧，豐功記青史。

第二節　宋代至近代著名武僧

一、宋代著名武僧

宋代著名武僧主要有靈丘、智瑞、福居、智生、惠威、惠林、海舟、宗印、洪溫、覺澤、覺遠、秋月等。特別是福居和尚，為了少林武術的

發展，專門邀請全國十八家武林高手會聚少林寺，在「常住院」開展武術交流，最後把各門派的精華匯編成《少林拳譜》教眾僧演練，不僅大大增加了少林武術的內容，而且提高了眾僧的武技水準。

二、元代著名武僧

元代的福裕和尚是欽名方丈，圓寂後被朝廷追封為晉國公。他不僅統一了少林寺的五禪門派，統歸「曹洞」，並擬定了少林寺傳世取名的七十輩訣，流傳至今，而且還在全國修建了五座支寺（山東、洛陽、長安、和林、薊州），廣傳禪宗和少林武術，使少林武術得機傳遍大江南北、長城內外。

元代著名武僧還有福性、福真、惠炬、惠定、惠鏡、惠明、智安、智聚、普明、子安、子瞻、大智、邵元、緊那羅、覺訓、覺理等。

附福裕方丈擬定的七十字輩訣：

福惠智子覺，了本圓可悟。
周洪普廣宗，道慶同玄祖。
清淨真如海，湛寂淳貞素。

德行永延恆，妙體常堅固。

心朗照幽深，性明鑒崇炸。

忠正善禧祥，謹鑾原濟度。

雪庭爲導師，引汝歸銘路。

三、明代著名武僧

明代是少林武術的春秋時期，發展十分興盛，寺內武僧多達三千，寺僧普遍習武。寺僧習武的內容非常豐富，不僅拳術增加到 176 套，各種器械增加到 371 套，而且點穴、擒拿、七十二藝、氣功等也傳入少林寺。

眾僧的武術技術顯著提高，所以得到明政府的重視和鼓勵，經常傳聖旨到少林寺，命令僧兵上前線殺敵，保衛國家領土。

如小山、月空、月華、悟空、宗擎、普從、萬庵、垣然、洪紀、周參、普明、徹堂、古峰、一峰、三奇、一舟、天員、天真、真元、月淨等都是當代著名的武僧。

四、清代至近代著名武僧

清代初年，統治者順治皇帝憂慮漢人扶明反清，多次下詔嚴禁民間習武，迫使少林寺僧大多

離寺雲遊，在民間悄悄授技。留在少林寺的武僧，白天不可習武，只有在夜間習武或傳授武藝，使少林武術自此受到限制。

但也出現了不少名師，如湛舉、湛豐、湛洛、寂仁、寂胞、寂盤、寂勤、淳剛、淳正、貞俊、貞緒、貞便、恆林、妙興、德根、經文、永祥、素雲、素喜等。

大展出版社有限公司
品冠文化出版社

圖書目錄

地址：台北市北投區(石牌)　　　電話：(02) 28236031
　　　致遠一路二段 12 巷 1 號　　　　　　 28236033
郵撥：01669551＜大展＞　　　　　　　　　 28233123
　　　19346241＜品冠＞　　　　傳真：(02) 28272069

・熱 門 新 知・品冠編號 67

1.	圖解基因與 DNA	（精）	中原英臣主編	230 元
2.	圖解人體的神奇	（精）	米山公啟主編	230 元
3.	圖解腦與心的構造	（精）	永田和哉主編	230 元
4.	圖解科學的神奇	（精）	鳥海光弘主編	230 元
5.	圖解數學的神奇	（精）	柳 谷 晃著	250 元
6.	圖解基因操作	（精）	海老原充主編	230 元
7.	圖解後基因組	（精）	才園哲人著	230 元
8.	圖解再生醫療的構造與未來		才園哲人著	230 元
9.	圖解保護身體的免疫構造		才園哲人著	230 元

・圍 棋 輕 鬆 學・品冠編號 68

1.	圍棋六日通	李曉佳編著	160 元

・生 活 廣 場・品冠編號 61

1.	366 天誕生星	李芳黛譯	280 元
2.	366 天誕生花與誕生石	李芳黛譯	280 元
3.	科學命相	淺野八郎著	220 元
4.	已知的他界科學	陳蒼杰譯	220 元
5.	開拓未來的他界科學	陳蒼杰譯	220 元
6.	世紀末變態心理犯罪檔案	沈永嘉譯	240 元
7.	366 天開運年鑑	林廷宇編著	230 元
8.	色彩學與你	野村順一著	230 元
9.	科學手相	淺野八郎著	230 元
10.	你也能成為戀愛高手	柯富陽編著	220 元
11.	血型與十二星座	許淑瑛編著	230 元
12.	動物測驗—人性現形	淺野八郎著	200 元
13.	愛情、幸福完全自測	淺野八郎著	200 元
14.	輕鬆攻佔女性	趙奕世編著	230 元
15.	解讀命運密碼	郭宗德著	200 元
16.	由客家了解亞洲	高木桂藏著	220 元

·女醫師系列· 品冠編號 62

1. 子宮內膜症	國府田清子著	200 元
2. 子宮肌瘤	黑島淳子著	200 元
3. 上班女性的壓力症候群	池下育子著	200 元
4. 漏尿、尿失禁	中田真木著	200 元
5. 高齡生產	大鷹美子著	200 元
6. 子宮癌	上坊敏子著	200 元
7. 避孕	早乙女智子著	200 元
8. 不孕症	中村春根著	200 元
9. 生理痛與生理不順	堀口雅子著	200 元
10. 更年期	野末悅子著	200 元

·傳統民俗療法· 品冠編號 63

1. 神奇刀療法	潘文雄著	200 元
2. 神奇拍打療法	安在峰著	200 元
3. 神奇拔罐療法	安在峰著	200 元
4. 神奇艾灸療法	安在峰著	200 元
5. 神奇貼敷療法	安在峰著	200 元
6. 神奇薰洗療法	安在峰著	200 元
7. 神奇耳穴療法	安在峰著	200 元
8. 神奇指針療法	安在峰著	200 元
9. 神奇藥酒療法	安在峰著	200 元
10. 神奇藥茶療法	安在峰著	200 元
11. 神奇推拿療法	張貴荷著	200 元
12. 神奇止痛療法	漆 浩 著	200 元
13. 神奇天然藥食物療法	李琳編著	200 元
14. 神奇新穴療法	吳德華編著	200 元

·常見病藥膳調養叢書· 品冠編號 631

1. 脂肪肝四季飲食	蕭守貴著	200 元
2. 高血壓四季飲食	秦玖剛著	200 元
3. 慢性腎炎四季飲食	魏從強著	200 元
4. 高脂血症四季飲食	薛輝著	200 元
5. 慢性胃炎四季飲食	馬秉祥著	200 元
6. 糖尿病四季飲食	王耀獻著	200 元
7. 癌症四季飲食	李忠著	200 元
8. 痛風四季飲食	魯焰主編	200 元
9. 肝炎四季飲食	王虹等著	200 元
10. 肥胖症四季飲食	李偉等著	200 元
11. 膽囊炎、膽石症四季飲食	謝春娥著	200 元

·彩色圖解保健· 品冠編號 64

1.	瘦身	主婦之友社	300 元
2.	腰痛	主婦之友社	300 元
3.	肩膀痠痛	主婦之友社	300 元
4.	腰、膝、腳的疼痛	主婦之友社	300 元
5.	壓力、精神疲勞	主婦之友社	300 元
6.	眼睛疲勞、視力減退	主婦之友社	300 元

·休閒保健叢書· 品冠編號 641

1.	瘦身保健按摩術	聞慶漢主編	200 元

·心 想 事 成· 品冠編號 65

1.	魔法愛情點心	結城莫拉著	120 元
2.	可愛手工飾品	結城莫拉著	120 元
3.	可愛打扮 & 髮型	結城莫拉著	120 元
4.	撲克牌算命	結城莫拉著	120 元

·少 年 偵 探· 品冠編號 66

1.	怪盜二十面相	（精）	江戶川亂步著	特價 189 元
2.	少年偵探團	（精）	江戶川亂步著	特價 189 元
3.	妖怪博士	（精）	江戶川亂步著	特價 189 元
4.	大金塊	（精）	江戶川亂步著	特價 230 元
5.	青銅魔人	（精）	江戶川亂步著	特價 230 元
6.	地底魔術王	（精）	江戶川亂步著	特價 230 元
7.	透明怪人	（精）	江戶川亂步著	特價 230 元
8.	怪人四十面相	（精）	江戶川亂步著	特價 230 元
9.	宇宙怪人	（精）	江戶川亂步著	特價 230 元
10.	恐怖的鐵塔王國	（精）	江戶川亂步著	特價 230 元
11.	灰色巨人	（精）	江戶川亂步著	特價 230 元
12.	海底魔術師	（精）	江戶川亂步著	特價 230 元
13.	黃金豹	（精）	江戶川亂步著	特價 230 元
14.	魔法博士	（精）	江戶川亂步著	特價 230 元
15.	馬戲怪人	（精）	江戶川亂步著	特價 230 元
16.	魔人銅鑼	（精）	江戶川亂步著	特價 230 元
17.	魔法人偶	（精）	江戶川亂步著	特價 230 元
18.	奇面城的秘密	（精）	江戶川亂步著	特價 230 元
19.	夜光人	（精）	江戶川亂步著	特價 230 元
20.	塔上的魔術師	（精）	江戶川亂步著	特價 230 元
21.	鐵人Q	（精）	江戶川亂步著	特價 230 元
22.	假面恐怖王	（精）	江戶川亂步著	特價 230 元

23. 電人M	（精）	江戶川亂步著	特價 230 元
24. 二十面相的詛咒	（精）	江戶川亂步著	特價 230 元
25. 飛天二十面相	（精）	江戶川亂步著	特價 230 元
26. 黃金怪獸	（精）	江戶川亂步著	特價 230 元

·武 術 特 輯· 大展編號 10

1. 陳式太極拳入門	馮志強編著	180 元
2. 武式太極拳	郝少如編著	200 元
3. 中國跆拳道實戰 100 例	岳維傳著	220 元
4. 教門長拳	蕭京凌編著	150 元
5. 跆拳道	蕭京凌編譯	180 元
6. 正傳合氣道	程曉鈴譯	200 元
7. 實用雙節棍	吳志勇編著	200 元
8. 格鬥空手道	鄭旭旭編著	200 元
9. 實用跆拳道	陳國榮編著	200 元
10. 武術初學指南	李文英、解守德編著	250 元
11. 泰國拳	陳國榮著	180 元
12. 中國式摔跤	黃 斌編著	180 元
13. 太極劍入門	李德印編著	180 元
14. 太極拳運動	運動司編	250 元
15. 太極拳譜	清·王宗岳等著	280 元
16. 散手初學	冷 峰編著	200 元
17. 南拳	朱瑞琪編著	180 元
18. 吳式太極劍	王培生著	200 元
19. 太極拳健身與技擊	王培生著	250 元
20. 秘傳武當八卦掌	狄兆龍著	250 元
21. 太極拳論譚	沈 壽著	250 元
22. 陳式太極拳技擊法	馬 虹著	250 元
23. 三十四式 太極拳劍	闞桂香著	180 元
24. 楊式秘傳 129 式太極長拳	張楚全著	280 元
25. 楊式太極拳架詳解	林炳堯著	280 元
26. 華佗五禽劍	劉時榮著	180 元
27. 太極拳基礎講座：基本功與簡化 24 式	李德印著	250 元
28. 武式太極拳精華	薛乃印著	200 元
29. 陳式太極拳拳理闡微	馬 虹著	350 元
30. 陳式太極拳體用全書	馬 虹著	400 元
31. 張三豐太極拳	陳占奎著	200 元
32. 中國太極推手	張 山主編	300 元
33. 48 式太極拳入門	門惠豐編著	220 元
34. 太極拳奇人奇功	嚴翰秀編著	250 元
35. 心意門秘籍	李新民編著	220 元
36. 三才門乾坤戊己功	王培生編著	220 元
37. 武式太極劍精華＋VCD	薛乃印編著	350 元

· 彩色圖解太極武術 · 大展編號 102

1.	太極功夫扇	李德印編著	220 元
2.	武當太極劍	李德印編著	220 元
3.	楊式太極劍	李德印編著	220 元
4.	楊式太極刀	王志遠著	220 元
5.	二十四式太極拳(楊式)+VCD	李德印編著	350 元
6.	三十二式太極劍(楊式)+VCD	李德印編著	350 元
7.	四十二式太極劍+VCD	李德印編著	350 元
8.	四十二式太極拳+VCD	李德印編著	350 元
9.	16 式太極拳 18 式太極劍+VCD	崔仲三著	350 元
10.	楊氏 28 式太極拳+VCD	趙幼斌著	350 元
11.	楊式太極拳 40 式+VCD	宗維潔編著	350 元
12.	陳式太極拳 56 式+VCD	黃康輝等著	350 元
13.	吳式太極拳 45 式+VCD	宗維潔編著	350 元
14.	精簡陳式太極拳 8 式、16 式	黃康輝編著	220 元
15.	精簡吳式太極拳<36 式拳架·推手>	柳恩久主編	220 元
16.	夕陽美功夫扇	李德印著	220 元
17.	綜合 48 式太極拳+VCD	竺玉明編著	350 元
18.	32 式太極拳(四段)	宗維潔演示	220 元
19.	楊氏 37 式太極拳+VCD	趙幼斌著	350 元
20.	楊氏 51 式太極劍+VCD	趙幼斌著	350 元

· 國際武術競賽套路 · 大展編號 103

1.	長拳	李巧玲執筆	220 元
2.	劍術	程慧琨執筆	220 元
3.	刀術	劉同為執筆	220 元
4.	槍術	張躍寧執筆	220 元
5.	棍術	殷玉柱執筆	220 元

· 簡化太極拳 · 大展編號 104

1.	陳式太極拳十三式	陳正雷編著	200 元
2.	楊式太極拳十三式	楊振鐸編著	200 元
3.	吳式太極拳十三式	李秉慈編著	200 元
4.	武式太極拳十三式	喬松茂編著	200 元
5.	孫式太極拳十三式	孫劍雲編著	200 元
6.	趙堡太極拳十三式	王海洲編著	200 元

· 導引養生功 · 大展編號 105

1.	疏筋壯骨功+VCD	張廣德著	350 元

2. 導引保建功＋VCD	張廣德著	350 元
3. 頤身九段錦＋VCD	張廣德著	350 元
4. 九九還童功＋VCD	張廣德著	350 元
5. 舒心平血功＋VCD	張廣德著	350 元
6. 益氣養肺功＋VCD	張廣德著	350 元
7. 養生太極扇＋VCD	張廣德著	350 元
8. 養生太極棒＋VCD	張廣德著	350 元
9. 導引養生形體詩韻＋VCD	張廣德著	350 元
10. 四十九式經絡動功＋VCD	張廣德著	350 元

・中國當代太極拳名家名著・大展編號 106

1. 李德印太極拳規範教程	李德印著	550 元
2. 王培生吳式太極拳詮真	王培生著	500 元
3. 喬松茂武式太極拳詮真	喬松茂著	450 元
4. 孫劍雲孫式太極拳詮真	孫劍雲著	350 元
5. 王海洲趙堡太極拳詮真	王海洲著	500 元
6. 鄭琛太極拳道詮真	鄭琛著	450 元
7. 沈壽太極拳文集	沈壽著	630 元

・古代健身功法・大展編號 107

1. 練功十八法	蕭凌編著	200 元
2. 十段錦運動	劉時榮編著	180 元
3. 二十八式長壽健身操	劉時榮著	180 元
4. 三十二式太極雙扇	劉時榮著	160 元

・太極跤・大展編號 108

1. 太極防身術	郭慎著	300 元
2. 擒拿術	郭慎著	280 元

・名師出高徒・大展編號 111

1. 武術基本功與基本動作	劉玉萍編著	200 元
2. 長拳入門與精進	吳彬等著	220 元
3. 劍術刀術入門與精進	楊柏龍等著	220 元
4. 棍術、槍術入門與精進	邱丕相編著	220 元
5. 南拳入門與精進	朱瑞琪編著	220 元
6. 散手入門與精進	張山等著	220 元
7. 太極拳入門與精進	李德印編著	280 元
8. 太極推手入門與精進	田金龍編著	220 元

·實用武術技擊· 大展編號 112

1.	實用自衛拳法	溫佐惠著	250 元
2.	搏擊術精選	陳清山等著	220 元
3.	秘傳防身絕技	程崑彬著	230 元
4.	振藩截拳道入門	陳琦平著	220 元
5.	實用擒拿法	韓建中著	220 元
6.	擒拿反擒拿 88 法	韓建中著	250 元
7.	武當秘門技擊術入門篇	高翔著	250 元
8.	武當秘門技擊術絕技篇	高翔著	250 元
9.	太極拳實用技擊法	武世俊著	220 元
10.	奪凶器基本技法	韓建中著	220 元
11.	峨眉拳實用技擊法	吳信良著	300 元

·中國武術規定套路· 大展編號 113

1.	螳螂拳	中國武術系列	300 元
2.	劈掛拳	規定套路編寫組	300 元
3.	八極拳	國家體育總局	250 元
4.	木蘭拳	國家體育總局	230 元

·中華傳統武術· 大展編號 114

1.	中華古今兵械圖考	裴錫榮主編	280 元
2.	武當劍	陳湘陵編著	200 元
3.	梁派八卦掌（老八掌）	李子鳴遺著	220 元
4.	少林 72 藝與武當 36 功	裴錫榮主編	230 元
5.	三十六把擒拿	佐藤金兵衛主編	200 元
6.	武當太極拳與盤手 20 法	裴錫榮主編	220 元
7.	錦八手拳學	楊永著	280 元
8.	自然門功夫精義	陳懷信編著	500 元

·少林功夫· 大展編號 115

1.	少林打擂秘訣	德虔、素法編著	300 元
2.	少林三大名拳 炮拳、大洪拳、六合拳	門惠豐等著	200 元
3.	少林三絕 氣功、點穴、擒拿	德虔編著	300 元
4.	少林怪兵器秘傳	素法等著	250 元
5.	少林護身暗器秘傳	素法等著	220 元
6.	少林金剛硬氣功	楊維編著	250 元
7.	少林棍法大全	德虔、素法編著	250 元
8.	少林看家拳	德虔、素法編著	250 元
9.	少林正宗七十二藝	德虔、素法編著	280 元

10. 少林瘋魔棍闡宗　　　　　　　　馬德著　250 元
11. 少林正宗太祖拳法　　　　　　　高翔著　280 元
12. 少林拳技擊入門　　　　　　　劉世君編著　220 元
13. 少林十路鎮山拳　　　　　　　吳景川主編　300 元
14. 少林氣功祕集　　　　　　　　釋德虔編著　220 元
15. 少林十大武藝　　　　　　　　吳景川主編　450 元
16. 少林飛龍拳　　　　　　　　　劉世君著　200 元

・迷蹤拳系列・ 大展編號 116

1. 迷蹤拳（一）+VCD　　　　　　李玉川編著　350 元
2. 迷蹤拳（二）+VCD　　　　　　李玉川編著　350 元
3. 迷蹤拳（三）　　　　　　　　李玉川編著　250 元
4. 迷蹤拳（四）+VCD　　　　　　李玉川編著　580 元
5. 迷蹤拳（五）　　　　　　　　李玉川編著　250 元
6. 迷蹤拳（六）　　　　　　　　李玉川編著　300 元
7. 迷蹤拳（七）　　　　　　　　李玉川編著　300 元
8. 迷蹤拳（八）　　　　　　　　李玉川編著　300 元

・截拳道入門・ 大展編號 117

1. 截拳道手擊技法　　　　　　　舒建臣編著　230 元
2. 截拳道腳踢技法　　　　　　　舒建臣編著　230 元
3. 截拳道擒跌技法　　　　　　　舒建臣編著　230 元

・原地太極拳系列・ 大展編號 11

1. 原地綜合太極拳 24 式　　　　胡啟賢創編　220 元
2. 原地活步太極拳 42 式　　　　胡啟賢創編　200 元
3. 原地簡化太極拳 24 式　　　　胡啟賢創編　200 元
4. 原地太極拳 12 式　　　　　　胡啟賢創編　200 元
5. 原地青少年太極拳 22 式　　　胡啟賢創編　220 元

・道 學 文 化・ 大展編號 12

1. 道在養生：道教長壽術　　　　郝勤等著　250 元
2. 龍虎丹道：道教內丹術　　　　郝勤著　300 元
3. 天上人間：道教神仙譜系　　　黃德海著　250 元
4. 步罡踏斗：道教祭禮儀典　　　張澤洪著　250 元
5. 道醫窺秘：道教醫學康復術　　王慶餘等著　250 元
6. 勸善成仙：道教生命倫理　　　李剛著　250 元
7. 洞天福地：道教宮觀勝境　　　沙銘壽著　250 元
8. 青詞碧簫：道教文學藝術　　　楊光文等著　250 元
9. 沈博絕麗：道教格言精粹　　　朱耕發等著　250 元

·趣味心理講座· 大展編號 15

·婦 幼 天 地· 大展編號 16

・青 春 天 地・大展編號 17

國家圖書館出版品預行編目資料

少林武術理論／徐勤燕　釋德虔　編著
　　──初版，──臺北市，大展，2006〔民95〕
　　面；21公分，──（少林功夫；17）
　　ISBN　957-468-462-8（平裝）

1.武術─中國
528.97　　　　　　　　　　　　　95006365

少林武術理論　　　　ISBN 957-468-462-8

編　　著／徐勤燕　釋德虔
責任編輯／范孫操
發行人／蔡森明
出版者／大展出版社有限公司
社　　址／台北市北投區（石牌）致遠一路2段12巷1號
電　　話／（02）28236031・28236033・28233123
傳　　眞／（02）28272069
郵政劃撥／01669551
網　　址／www.dah-jaan.com.tw
E－mail／service@dah-jaan.com.tw
登記證／局版臺業字第2171號
承印者／國順文具印刷行
裝　　訂／建鑫印刷裝訂有限公司
排版者／弘益電腦排版有限公司
授權者／北京人民體育出版社
初版1刷／2006年（民95年）6月

定　價／200元

●本書若有破損、缺頁敬請寄回本社更換●

推理文學經典巨著，中文版正式授權

名偵探明智小五郎與怪盜的挑戰與鬥智
名偵探柯南、金田一都讚嘆不已

日本推理小說鼻祖－江戶川亂步

1894年10月21日出生於日本三重縣名張〈現在的名張市〉。本名平井太郎。
就讀於早稻田大學時就曾經閱讀許多英、美的推理小說。
畢業之後曾經任職於貿易公司，也曾經擔任舊書商、新聞記者等各種工作。
1923年4月，在『新青年』中發表「二錢銅幣」。
筆名江戶川亂步是根據推理小說的始祖艾德嘉‧亞藍波而取的。
後來致力於創作許多推理小說。
1936年配合「少年俱樂部」的要求所寫的『怪盜二十面相』極受人歡迎，
陸續發表『少年偵探團』、『妖怪博士』共26集……等
適合少年、少女閱讀的作品。

1 ～ 3 集　定價300元　試閱特價189元